公益財団法人ドイツ語学文学振興会　編

過去問題集
2020年版

独検

5級 4級 3級

ikubundo

本書には，実際に「聞き取り試験」で使用された音声による CD が 2 枚組で付属しています。（ただし，試験開始時の音量調節の部分と「解答の手引き」を読む時間は省いてあります。）

このマークのついている箇所が付属の CD に録音されています。数字が頭出しの番号です。

ま　え　が　き
——ドイツ語技能検定試験に挑まれる皆様へ——

　独検の過去問題集を手に取り，このページまでお読みくださっているということは，あなたは本当に一生懸命ドイツ語に取り組んでおられる方なのでしょうね。ドイツ語教育に関わるものとして，心よりの感謝と敬意そして友情をお送りいたします。

　私たちドイツ語教師は「ドイツ語を勉強すると，何かいいことありますか？」という質問をよくされます。そういうふうに尋ねてくるのが大学生であれば，「ドイツには近代の諸学問の土台を作ってきた蓄積があります。カントやヘーゲル，フロイトやマルクス，ハイデガーやベンヤミンなどなど，さまざまな学問領域に根本的な影響を与えた学者たちがキラ星のごとくいるのがドイツ語圏の学問史です。英語だけではなく，ドイツ語も学ぶことで，あなたの大学での勉強はぐっと広がりも深まりも得られると思いますよ」とでも答えましょう。あるいは年配の方であれば，「ドイツ旅行はいいですよ。ドイツ語圏は小規模でも魅力的な町が多いですし，どこも美しく，治安も比較的いい。クラシックの音楽会なども，しょっちゅういたるところでやっています。ドイツのビールとソーセージは最高ですし，実はワインも結構おいしい。日本人がヨーロッパ旅行するのに，ドイツ語圏は理想的です」と答えましょうか。

　でも，あなたはきっと，そんなこととは関係なしに，いつの間にかドイツ語を始め，いつの間にか深みにはまってしまったのではないでしょうか。上のような「学問」や「ドイツ旅行」への関心もあるいはおありだったかもしれませんが，それはきっかけに過ぎず，もっと微妙な，いわく言い難い引力によって，ドイツ語に惹きつけられたのではないでしょうか。というのも，外国語学習というのは，ある意味では恋人や結婚相手を見つけることにも似ていて，ある時稲妻に打たれたように好きになることもありますが，そういうことはむしろ稀だからです。どちらかと言えばいつの間にか好きになっていて，一緒に暮らすようになってしまって，今ではいつどんなふうに好きになったのかわからない，下手をすると（？）いまとなっては好きなのかどうかさえわからない（でも離れられない……），しばしばそんな関係になってしまうのが，外国語との関係だからです。詩人パウル・ツェラーンや思想家エリアス・カネッティのように，ユダヤ人として第二次大戦中に過酷な運命をたどることになってしまった人たちが，その創作や学問をするため

の言語として結局ドイツ語を（何か国語も使いこなせる人たちでありながら）選ぶことがあるのも，人間と外国語の関係の微妙さを表していると言えそうです。

　私たちは皆，そんなふうにして「運命の力」によってドイツ語に結び合わされた仲間なのです。独検を主催しておりますドイツ語学文学振興会は，全国のドイツ語を教える先生たち，ドイツとオーストリアとスイスの大使館，日独協会，ゲーテ・インスティトゥート，各種語学校やドイツ企業，その他もろもろの機関の方々にご協力をいただきながら，日本とドイツの文化的交流に 50 年以上努めてまいりました。独検に関心を持ってくださる皆様も，その活動に加わってくださる方々です。このご縁を大切にさせていただけたら，と思っております。皆様にはずっとドイツ語を学び続けていただきたいと思います。そしていつかどこかで直接お目にかかり，日本語でもドイツ語でもお話しさせていただきたいと思います。

　　2020 年　春

公益財団法人ドイツ語学文学振興会

目　　次

5 級

5級 (Elementarstufe)
検定基準

■初歩的なドイツ語を理解し，日常生活でよく使われる簡単な表現や文が運用できる。

■挨拶の表現が適切に使える。自分や他人を簡単に紹介することができる。
広告やパンフレットなどの短い文の中心的な内容が理解できる。
必要に応じて簡単な数字やキーワードを書き取ることができる。

■対象は，ドイツ語の授業を約 30 時間（90 分授業で 20 回）以上受講しているか，これと同じ程度の学習経験のある人。

2019 年度 夏期 ドイツ語技能検定試験

5 級

筆記試験　問題

（試験時間　40 分）

出題は新しい正書法(単語のつづり方などに関する規則)に従います。解答は新旧いずれの方式でも認めます。

――――― 注　　意 ―――――

■受験票と机の上の受験番号が同じであることを確認してください。
■携帯電話, スマートフォン, スマートウォッチ等の電子機器類は電源を切り, カバン等にしまってください。机の上に置いてはいけません。
■中途退場は認めません。退場は試験放棄となります。

①問題冊子は試験開始の合図があるまで, 開いてはいけません。
②問題冊子は表紙・裏表紙を含めて 8 ページあります。
　余白は下書き・メモ用に使ってかまいません。
③試験監督者の指示に従って, 解答用紙の所定の欄に, 受験番号・氏名を記入してください。
④解答は黒の HB の鉛筆で強めに記入してください。
　書き直す場合には, 消しゴムできれいに消してから記入してください。
⑤**解答はすべて解答用紙の指定された箇所に記入してください。**
⑥記入する数字は, 下記の見本に従って書いてください。

■試験が終わっても, 指示があるまで席を立たないでください。
■解答用紙は持ち帰ってはいけません。
■この問題冊子の無断転載, 無断複製を禁じます。

1 次の文で空欄（　**a**　）～（　**d**　）の中に入れるのに最も適切な動詞の形を，下の**1**
～**3**から選び，その番号を解答欄に記入しなさい。

Mein Bruder (　**a**　) jetzt in München Deutsch. Er (　**b**　) die Stadt interessant.
Heute (　**c**　) ich ihm einen Brief. Im Sommer (　**d**　) wir zusammen.

(a)	**1** lerne	**2** lernen	**3** lernt
(b)	**1** finden	**2** findet	**3** findest
(c)	**1** schreibe	**2** schreiben	**3** schreibt
(d)	**1** reise	**2** reisen	**3** reist

2 次の **(1)**～**(3)** の文で（　　）の中に入れるのに最も適切なものを，下の**1**～**4**から
選び，その番号を解答欄に記入しなさい。

(1)　（　　　）fliegst du morgen? – Ich fliege morgen um 14 Uhr.
　　　1 Wann　　　**2** Was　　　　**3** Wer　　　　**4** Wo

(2)　Thomas ist 20 Jahre alt. (　　) Hobby ist Handball.
　　　1 Dein　　　**2** Euer　　　　**3** Mein　　　**4** Sein

(3)　Spielt (　　) gern Fußball? – Ja, wir spielen gern Fußball.
　　　1 du　　　　**2** ich　　　　**3** ihr　　　　**4** Sie

— 4 —

3 次の (**A**) ～ (**C**) に挙げられた単語のうち，一つだけ他と異なるものを，例にならって下の **1** ～ **4** から選び，その番号を解答欄に記入しなさい。ただし，名詞の性の区別は関係ありません。

例）　**1** Brot　　　　**2** Buch　　　　**3** Ei　　　　**4** Eis
2 の Buch（本）だけ食べ物ではないので他と異なります。

(**A**)　**1** Bus　　　　**2** Fahrrad　　　**3** Salz　　　　**4** Zug
(**B**)　**1** Elefant　　**2** Käse　　　　**3** Milch　　　**4** Tee
(**C**)　**1** Arzt　　　　**2** Koch　　　　**3** Lehrer　　　**4** Zimmer

4 次の (**1**) ～ (**4**) の条件にあてはまるものが各組に一つあります。それを下の **1** ～ **4** から選び，その番号を解答欄に記入しなさい。

(**1**)　下線部の発音が他と異なる。
　　　1 Du<u>r</u>st　　　**2** Ö<u>st</u>erreich　　**3** <u>St</u>adt　　　**4** Wu<u>r</u>st

(**2**)　下線部にアクセント（強勢）がある。
　　　1 G<u>i</u>tarre　　　**2** Kl<u>a</u>vier　　　**3** K<u>o</u>nzert　　　**4** Mus<u>i</u>k

(**3**)　下線部が短く発音される。
　　　1 Br<u>u</u>der　　　**2** Groß<u>mu</u>tter　**3** Schw<u>e</u>ster　**4** V<u>a</u>ter

(**4**)　問い **A** に対する答え **B** の下線の語のうち，通常最も強調して発音される。
　　　A: Fährst du morgen nach Berlin?
　　　B: Nein, <u>ich</u> <u>fahre</u> <u>nach</u> <u>München</u>.

　　　1 ich　　　　**2** fahre　　　　**3** nach　　　　**4** München

5 (A) ～ (C) の会話が行われている場面として最も適切なものを，下の **1** ～ **4** から選び，その番号を解答欄に記入しなさい。

(A)　**A**: Hallo, ich nehme eine Bratwurst.
　　　B: Mit Brot?
　　　A: Ja, bitte.

(B)　**A**: Welchen Film sehen wir heute?
　　　B: Wie ist dieser Film? Er ist sicher interessant.
　　　A: Dann gehen wir jetzt zur Kasse.

(C)　**A**: Hallo Johannes. Das ist meine Wohnung.
　　　B: Wow! Deine Wohnung ist sehr schön, Susanne.
　　　A: Danke schön.

　　　1　友人宅　　　　　　　　　　2　ダンス教室
　　　3　映画館　　　　　　　　　　4　ソーセージ屋台

6

次の文章は，電車の中で交わされた Nora とサヤカの会話です。この会話を完成するために，日本語になっている箇所 **A** 〜 **D** にあてはまる最も適切なドイツ語を下の **1** 〜 **3** から選び，その番号を解答欄に記入しなさい。

Sayaka:	(**A** どこへ行くの，ノラ？)
Nora:	Nach Enoshima. Und du, Sayaka?
Sayaka:	Ich fahre nach Hause. (**B** 江の島で何をするの？)
Nora:	Ich möchte das Meer sehen.
Sayaka:	Ach, das ist schön. Triffst du da deinen Freund?
Nora:	Nein, leider nicht. Er sagt, Enoshima ist langweilig.
	(**C** サヤカ，一緒に来る？)
Sayaka:	(**D** いいわね！) Sehr gern!

A　1　Woher kommst du, Nora?
　　　2　Wohin fährst du, Nora?
　　　3　Wo bist du, Nora?

B　1　Was singst du in Enoshima?
　　　2　Was machst du in Enoshima?
　　　3　Was kaufst du in Enoshima?

C　1　Schwimmst du auch, Sayaka?
　　　2　Kochst du auch, Sayaka?
　　　3　Kommst du auch, Sayaka?

D　1　Gute Reise!
　　　2　Gute Idee!
　　　3　Gute Besserung!

7 以下の文章の内容に合うものを，下の **1 ～ 4** から二つ選び，その番号を解答欄に記入しなさい。ただし，番号の順序は問いません。

Ich heiße Gabriela. Am Sonntag machen Johanna, Petra, Lisa und ich eine Party. Ich koche eine Suppe. Johanna hat ein Auto. Sie kauft Bier und Wein. Lisa macht einen Salat. Sie mag Gemüse. Petra backt Kuchen. Ihre Kuchen schmecken gut.

    1 ガブリエラは，土曜日にパーティーをひらく。

    2 ヨハンナは車を持っていて，飲み物を買う。

    3 リーザはサラダを作る。

    4 ペートラの焼くケーキはおいしくない。

8 以下は，コンサートの案内の一部です。表示の内容と一致するものを **1** 〜 **8** から三つ選び，その番号を解答欄に記入しなさい。ただし，番号の順序は問いません。

Klavierkonzert — Michael Grossmann

Programm:
Beethoven, Ludwig van
Klaviersonaten Nr. 8, 14, 23
Wo: Französischer Dom (Stadtkirche)
Adresse: Friedrichstraße 5, 10819 Berlin
Preis: 20,05 €
Wann: Freitag, 10. August 2018, 16.00 Uhr
Tickets: Online oder Telefon: 030 1357 9428

Michael Grossmanns Profil:
ein junger Pianist aus Deutschland
Abschluss der Musikhochschule Nürnberg 2011

---

1 コンサートではバイオリン作品が演奏される。

2 演奏者は，Michael Grossmann である。

3 コンサート会場は，市民会館である。

4 チケットの料金は，全席 20 ユーロ 5 セントである。

5 コンサートの日付は 10 月 8 日である。

6 コンサートは土曜日の午後 4 時に開催される。

7 チケットの購入は，電話でも可能である。

8 演奏者はフランス出身で，ベルリンに住んでいる。

— 9 —

5級　　　**2019年度 夏期 ドイツ語技能検定試験**

筆記試験 解答用紙

受　験　番　号	氏　　名
1 9 S	

手書き数字見本

0 1 2 3 4 5 6 7 8 9

1 (a) ☐ (b) ☐ (c) ☐ (d) ☐

2 (1) ☐ (2) ☐ (3) ☐

3 (A) ☐ (B) ☐ (C) ☐

4 (1) ☐ (2) ☐ (3) ☐ (4) ☐

5 (A) ☐ (B) ☐ (C) ☐

6 A ☐ B ☐ C ☐ D ☐

7 ☐ ☐

8 ☐ ☐ ☐

2019年度 夏期 ドイツ語技能検定試験
5級
聞き取り試験　解答の手引き

（試験時間　約20分）

出題は新しい正書法（単語のつづり方などに関する規則）に従います。解答は新旧いずれの方式でも認めます。

──── 注　意 ────

■受験票と机の上の受験番号が同じであることを確認してください。

■携帯電話，スマートフォン，スマートウォッチ等の電子機器類は電源を切り，カバン等にしまってください。机の上に置いてはいけません。

■中途退場は認めません。

①指示があるまでページを開いてはいけません。

②聞き取り試験は3部から成り立っています。

③試験監督者の指示に従って，解答用紙の所定の欄に，受験番号・氏名を記入してください。

④放送の指示でページを開き，解答のしかたをよく読んでください。解答のしかたと選択肢などが，2～3ページに示されています。

⑤解答は黒のHBの鉛筆で強めに記入してください。

　書き直す場合には，消しゴムできれいに消してから記入してください。

⑥解答はすべて試験時間内に解答用紙の指定された箇所に記入してください。

⑦記入する数字は，下記の見本に従って書いてください。

曲げない　すきまを開ける　上につき出す　角をつける　閉じる
0 1 2 3 4 5 6 7 8 9
横線つけない　角をつける　閉じる

■試験が終わっても，指示があるまで席を立たないでください。

■解答用紙は持ち帰ってはいけません。

■この問題冊子の無断転載，無断複製を禁じます。

CD 2

第 1 部　Erster Teil

1. 第 1 部は，問題（**1**）から（**4**）まであります。
2. まずドイツ語の短い文章を二回放送します。
3. それを聞いて，その文章の内容を表すのに最も適した絵をそれぞれ**1**～**4**から一つ選び，その番号を解答用紙の所定の欄に記入してください。
4. 以下，同じ要領で問題（**2**），（**3**）と進みます。
5. 次に，問題（**4**）では数字を聞き取り，その答えを算用数字で解答用紙の所定の欄に記入してください。
6. 最後に，問題（**1**）から（**4**）までをもう一度通して放送します。
7. メモは自由にとってかまいません。

（1）

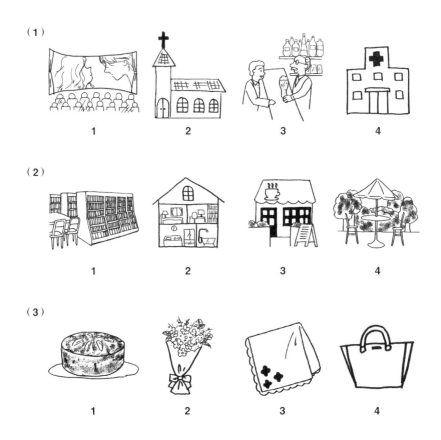

1　　　　　　2　　　　　　3　　　　　　4

（2）

1　　　　　　2　　　　　　3　　　　　　4

（3）

1　　　　　　2　　　　　　3　　　　　　4

（4）　Der Sohn von Michael ist jetzt ☐ Jahre alt.

— 12 —

A
CD 3

第2部　Zweiter Teil

1. 第2部は，問題（**5**）から（**7**）まであります。
2. まずドイツ語の短い会話を放送します。次にその文章についての質問として，問題（**5**）〜（**7**）を放送します。二回読みます。
3. それを聞いた上で，それぞれの問いの選択肢 **1** 〜 **3** から質問の答えとして最も適したものを選び，その番号を解答用紙の所定の欄に記入してください。
4. 会話と質問は，合計三回放送します。
5. メモは自由にとってかまいません。

（**5**）　**1** Biologie.　　　**2** Chemie.　　　**3** Mathematik.

（**6**）　**1** Biologie.　　　**2** Chemie.　　　**3** Mathematik.

（**7**）　**1** Sie sind Lehrer.　　**2** Sie sind Schüler.　　**3** Sie sind Studenten.

A
CD 4

第3部　Dritter Teil

1. 第3部は，問題（**8**）から（**10**）まであります。
2. まずドイツ語の短い会話を続けて二回放送します。それを聞いて，その会話の状況として最も適したものを，下の **1** 〜 **3** から選び，その番号を解答用紙の所定の欄に記入してください。
3. 以下，同じ要領で問題（**10**）まで順次進みます。
4. 最後に，問題（**8**）から（**10**）までをもう一度通して放送します。そのあと，およそ1分後に試験終了のアナウンスがあります。試験監督者が解答用紙を集め終わるまで席を離れないでください。
5. メモは自由にとってかまいません。

　　1　午後の予定について話している。

　　2　ケーキやコーヒーについて話している。

　　3　夏の旅行先について話している。

（**8**）

（**9**）

（**10**）

5級

2019年度 夏期 ドイツ語技能検定試験

聞き取り試験 解答用紙

受　験　番　号	氏　　　名
1 9 S	

手書き数字見本

0 1 2 3 4 5 6 7 8 9

【第1部】

(1) ☐　(2) ☐　(3) ☐

(4) Der Sohn von Michael ist jetzt ☐ Jahre alt .

【第2部】

(5) ☐　(6) ☐　(7) ☐

【第3部】

(8) ☐　(9) ☐　(10) ☐

夏期 《5級》 ヒントと正解

【筆 記 試 験】

1 動詞の現在人称変化

正解 (a) 3 (b) 2 (c) 1 (d) 2

　動詞の現在人称変化に関する問題です。動詞は「語幹」部分と「語尾」部分からできています。語尾は主語の「人称」と「数」，そして「時制」によって決まります。問題では，主語に一致する動詞の現在人称変化形を選ぶことが求められています。動詞は規則的に変化するものだけでなく，不規則な変化をするものもあります。一つ一つ確実に覚えていきましょう。問題文は「私の兄（弟）は現在ミュンヘンでドイツ語を学んでいます。彼はその町を面白いと思っています。今日，私は彼に手紙を書きます。夏に私たちは一緒に旅行をします」という意味です。

　(**a**) lernen（習う）の現在人称変化形を問う問題です。主語は mein Bruder で 3 人称単数であることから，動詞の変化形は lernt です。正解は選択肢 **3** です。[正解率 93.97%]

　(**b**) finden（〜を…だと思う）の現在人称変化形を問う問題です。finden は人称変化させる際に注意が必要です。現在形では ich finde, du findest, er/sie/es findet, wir finden, ihr findet, sie finden と変化させます。語幹が d で終わる動詞は，主語が親称 2 人称単数（du），3 人称単数（er/sie/es），親称 2 人称複数（ihr）のとき，口調を整えるため語幹の直後に母音 e を足します。問題文の主語は er で 3 人称単数なので，正解は選択肢 **2** です。[正解率 95.78%]

　(**c**) schreiben（書く）の現在人称変化形を問う問題です。主語は ich で 1 人称単数であることから，動詞の変化形は schreibe です。正解は選択肢 **1** です。[正解率 95.02%]

　(**d**) reisen（旅行する）の現在人称変化形を問う問題です。この文の主語は wir で，1 人称複数です。したがって，動詞の変化形は reisen です。正解は選択肢 **2** です。im Sommer（夏に）という前置詞句が文頭に置かれている一方，主語 wir は動詞の直後に置かれていることに注意しましょう。[正解率 93.36%]

◇この問題は 12 点満点（配点 3 点×4）で，平均点は 11.34 点でした。

---

1 ここがポイント！

＊規則的に変化する動詞の人称語尾を確実に身につけよう！
＊sein，haben，werden など，不規則な変化をする最重要動詞については
　一つ一つの変化形を確実に覚えよう！
＊finden のように，語幹の直後に母音 e を足す場合がある動詞に注意しよう！

---

2 疑問詞・冠詞・代名詞

正解 **(1) 1　(2) 4　(3) 3**

　空欄に適切な疑問詞，冠詞，代名詞を補う問題です。短い文章ですが，文脈を踏まえて，代名詞が受ける名詞や，冠詞が結びつく名詞の性・数・格をきちんと確認する必要があります。また，疑問詞は，答えとなる文と対応づけて選択することが大切です。

　(1) 疑問詞に関する問題です。選択肢 **1** の疑問詞 wann は「いつ，何時に」，選択肢 **2** の was は「何が，何を」，選択肢 **3** の wer は「誰が」，選択肢 **4** の wo は「どこで」という意味です。質問文に対する応答文で「14 時に」という，時を表す情報が示されていることから，空欄には「いつ，何時に」を問う疑問詞が入ります。正解は選択肢 **1** です。問題文全体は「きみは明日何時に飛行機で行くの？——私は明日 14 時に飛行機で行くよ」という意味です。[正解率 88.39%]

　(2) 所有冠詞に関する問題です。第 1 文は「トーマスは 20 歳です」という意味です。主語は Thomas（トーマス）であり，文法的には 3 人称単数男性に相当します。第 2 文は「（　　）趣味はハンドボールです」という意味であり，第 1 文で話題とされている男性トーマスの趣味について述べていると考えるのが最も適切です。したがって，3 人称単数男性の主語に一致する sein（彼の）を選ぶ必要があります。正解は選択肢 **4** です。問題文全体は「トーマスは 20 歳です。彼の趣味はハンドボールです」という意味です。[正解率 58.67%]

　(3) 人称代名詞に関する問題です。前半の質問文は「（　　）はサッカーをするのが好き？」という意味です。この文では定動詞として spielt が用いられていることから，文の主語は 3 人称単数の er/sie/es，もしくは親称 2 人称複数の ihr（き

— 16 —

みたち）であるものと予想されます。一方，後半の応答文は，「ええ，私たちはサッカーをするのが好きです」という意味であり，1人称複数の人称代名詞 wir が主語として用いられています。以上のことから，疑問文の主語は「きみたち」であると判断できます。したがって，正解は選択肢 **3** です。問題文全体は「きみたちはサッカーをするのが好き？——ええ，私たちはサッカーをするのが好きです」という意味です。［正解率 81.15%］

◇この問題は 9 点満点（配点 3 点×3）で，平均点は 6.85 点でした。

2 ここがポイント！

＊主語の人称・数に合わせて適切な所有冠詞や動詞の変化形を使おう！
＊wann（いつ），wo（どこで），wer（誰が），was（何が，何を），wie（どのように）など，さまざまな疑問詞を正しく使いこなせるようになろう！

3 語彙（意味が他と異なる語の選択）

正解 （**A**） **3** （**B**） **1** （**C**） **4**

四つの単語の中から，意味が他と異なるものを選ぶ問題です。語彙力が試されます。

（**A**）選択肢 **1** は「バス」，選択肢 **2** は「自転車」，選択肢 **3** は「塩」，選択肢 **4** は「列車」という意味です。この中では，乗り物ではない，選択肢 **3** が正解です。なお，交通手段を表現するときには，例えば，mit dem Bus fahren（バスに乗って行く）のように，前置詞 mit を使います。［正解率 80.54%］

（**B**）選択肢 **1** は「象」，選択肢 **2** は「チーズ」，選択肢 **3** は「ミルク」，選択肢 **4** は「お茶」という意味です。この中では，飲食物ではない，選択肢 **1** が正解です。なお，飲食物の名前とともに，動詞 trinken（飲む）や essen（食べる）もきちんと使いこなせるようにしましょう。［正解率 94.57%］

（**C**）選択肢 **1** は「医者」，選択肢 **2** は「料理人」，選択肢 **3** は「教師」，選択肢 **4** は「部屋」という意味です。この中では，職業名ではない，選択肢 **4** が正解です。なお，選択肢 **1** から選択肢 **3** はその職業に従事している人が男性の場合の表現です。それぞれに対応した女性形の Ärztin, Köchin, Lehrerin も合わせて覚えましょう。［正解率 79.79%］

◇この問題は9点満点（配点3点×3）で，平均点は7.65点でした。

4 発音とアクセント

正解 **(1)** 3　　**(2)** 4　　**(3)** 3　　**(4)** 4

　語の発音やアクセントの位置，母音の長短などに関する問題です。発音の基本的な規則をきちんと身につけることが重要です。

　(1) 子音字 st の発音に関する問題です。語頭の st は [ʃt] と発音されます。この原則通り，選択肢 **3** Stadt（街）の st は [ʃt] と発音されます。他方，選択肢 **1** の Durst（のどの渇き），選択肢 **2** の Österreich（オーストリア），選択肢 **4** の Wurst（ソーセージ）では，st の位置は語頭ではありません。これらの st は [st] と発音されます。したがって，正解は選択肢 **3** です。[正解率 84.46%]

　(2) 語のアクセントの位置に関する問題です。ドイツ語の語は，原則として最初の音節にアクセントがあります。しかし，外来語や非分離前つづりを持つ語などに関しては注意が必要です。問題では，音楽に関連する語のアクセントが問われています。音楽関連の語には外来語が多く，アクセントに関しては注意が必要です。選択肢 **1** の Gitarre（ギター）は a に，選択肢 **2** の Klavier（ピアノ）は ie に，選択肢 **3** の Konzert（コンサート）は e に，選択肢 **4** の Musik（音楽）は i にアクセントがあります。したがって，正解は選択肢 **4** です。この中でも特に選択肢 **3** と選択肢 **4** は英語の concert, music と似ていますが，つづりだけでなくアクセントの位置も英語とは異なるので，注意が必要です。[正解率 75.26%]

　(3) 母音の長短に関する問題です。ドイツ語の語では原則として，アクセントのある母音は，子音字一つの前では長く発音し，二つ以上の子音字の前では短く発音します。問題で選択肢として挙げられている語のアクセントはすべて下線部にあります。上記の原則通り，選択肢 **1** の Bruder（兄，弟），選択肢 **4** の Vater（父）では下線部の u, a は長く発音され，選択肢 **3** の Schwester（姉，妹）では下線部の e は短く発音されます。選択肢 **2** の Großmutter（祖母）は groß と Mutter

からできている複合語で，下線部の o は長く発音されます。以上のことから，正解は選択肢 **3** です。[正解率 89.59%]

(**4**) 文の中で強調して発音される語を選ぶ問題です。**A** は「きみは明日ベルリンに行くのかい?」と尋ねています。これに対し **B** は「ううん，私はミュンヘンに行くよ」と答えています。質問 **A** に対する応答 **B** では，自分の行き先がベルリンではなく，ミュンヘンであることを伝えることが重要であるため，選択肢 **4** の München が最も強調されます。したがって，正解は選択肢 **4** です。[正解率 92.91%]

◇この問題は 12 点満点 (配点 3 点×4) で，平均点は 10.27 点でした。

---

4 ここがポイント!

* 語頭の子音字 st [ʃt] や sp [ʃp] の発音をしっかりと覚えておこう!
* アクセントが最初の音節に置かれない例外的な語があることに注意しよう!

---

5 会話の場面理解

正解 (**A**) **4**　(**B**) **3**　(**C**) **1**

この問題では，短い会話から状況を判断し，どのような場所や場面でかわされている会話であるかを的確に理解することが求められます。

(**A**) 会話の内容は次の通りです。
　　A: こんにちは，焼きソーセージを 1 本ください。
　　B: パンを付けますか?
　　A: はい，お願いします。

A の発言から，ソーセージを選んでいる場面であることがわかります。それに続く **B** の応答と合わせて考えると，ソーセージ屋台での注文の場面であることが推測されます。したがって，正解は選択肢 **4** です。なお，ソーセージを注文する場面では，„Mit Brot?" (パンを付けますか?) の他に „Mit Pommes?" (フライドポテトを付けますか?)，„Mit Senf?" (マスタードを付けますか?)，„Mit Ketchup?" (ケチャップを付けますか?) などもよく使われます。[正解率 92.01%]

（**B**）会話の内容は次の通りです。

  A: 今日，どの映画を観ようか？

  B: この映画はどうかな？　きっと面白いよ。

  A: それじゃあ，いまからチケット売り場に行こう。

 A と **B** の最初のやりとりから，これから観る映画について話していることがわかります。そのあと **A** が「チケット売り場（Kasse）に行こう」と言っていることから，2 人が映画館の前で話をしているものと推測できます。したがって，正解は選択肢 **3** です。［正解率 95.93％］

（**C**）会話の内容は次の通りです。

  A: ようこそ，ヨハネス。これが私のアパートだよ。

  B: わー！　きみのアパートはとてもすてきだね，ズザンネ。

  A: ありがとう。

 冒頭の **A** の „Das ist meine Wohnung.“（これが私のアパートだよ）という表現から，住居に関係する会話であることが推測できます。それに続けて **B** が „Deine Wohnung ist sehr schön“（きみのアパートはとてもすてきだね）と言っていることから，**B** が **A** のアパートを訪ねた場面であると推測できます。以上から，正解は選択肢 **1** です。Wohnung は，「アパート」や「マンション」などを意味する語ですが，もう少し広い意味で「住居」を指すこともあります。［正解率 82.65％］

◇この問題は 9 点満点（配点 3 点×3）で，平均点は 8.12 点でした。

---

5 ここがポイント！

 ＊日常生活でかわされる会話では，短い表現で意思表示がなされることも多いため，鍵となる語や表現から全体の状況を把握しよう！

 ＊レストランや駅などの場面ごとに特有の語彙や表現をマスターしよう！

---

6 初歩の会話表現

正解 （**A**）2　（**B**）2　（**C**）3　（**D**）2

 短い会話文を読んでその場面を推測し，日本語で記されている内容に対応するドイツ語表現を選ぶ問題です。会話の流れをよく把握すること，基本的な会話表

現を覚えておくことが大切です。

内容：
Sayaka: （**A** どこへ行くの，ノラ？）
Nora: 江の島へ。サヤカは？
Sayaka: 私は家に帰るの。（**B** 江の島で何をするの？）
Nora: 海が見たいの。
Sayaka: そうなの，それは素敵ね。そこでボーイフレンドと会うの？
Nora: いいえ，残念だけどそうじゃないの。彼は，江の島は退屈だって言うの。
（**C** サヤカ，一緒に来る？）
Sayaka: （**D** いいわね！）喜んで！

（**A**）カッコ内の日本語では「どこへ」という疑問詞が用いられています。ドイツ語では，「どこで」と場所を尋ねる場合は wo を，「どこへ」と行き先や進む方向を尋ねる場合は wohin を，「どこから」と由来や出発地を尋ねる場合は woher を用います。wohin が用いられているのは選択肢 **2** だけです。したがって，選択肢 **2** が正解です。なお，選択肢 **1** の Woher kommst du, Nora?（どこから来ているの，ノラ？）は，woher を用いているので相応しくありません。同様に，選択肢 **3** の Wo bist du, Nora?（どこにいるの，ノラ？）は，wo を用いているので相応しくありません。［正解率 85.07%］

（**B**）「江の島で何をするの？」と尋ねているため，「する」を意味する動詞 machen が用いられている，選択肢 **2** の Was machst du in Enoshima? が正解です。なお，選択肢 **1** で用いられている動詞 singen は「歌う」，選択肢 **3** で用いられている動詞 kaufen は「買う」という意味です。［正解率 92.61%］

（**C**）「一緒に来る？」と尋ねているため，動詞 kommen（来る）が用いられている，選択肢 **3** の Kommst du auch, Sayaka? が正解です。auch は「〜も」という意味の副詞で，ここではサヤカに対して，きみ「も」という意味で用いられています。選択肢 **1** では schwimmen（泳ぐ）という動詞が，選択肢 **2** では kochen（料理する）という動詞が用いられており，それぞれの選択肢の意味は「サヤカ，一緒に泳ぐ?」，「サヤカ，一緒に料理する？」です。［正解率 96.38%］

（**D**）一緒に江の島に行こうと誘うノラに，サヤカが同意する場面です。選択肢 **1** の Gute Reise! は「よい旅を！」という意味で，ノラを旅に送り出す表現であ

るため，これから 2 人で一緒に出かける場面には相応しくありません。選択肢 **2** の Gute Idee! は，相手の考えに賛成して，「いいね！」「いい考えだね！」と言うときに使います。したがって，選択肢 **2** が正解です。選択肢 **3** の Gute Besserung! は「お大事に！」という意味で，病気や怪我で調子の悪い人に対して使う表現であるため，相応しくありません。［正解率 83.71%］

◇この問題は 12 点満点（配点 3 点×4）で，平均点は 10.73 点でした。

┌─ **6** ここがポイント！ ──────────────
│ ＊基本的な語彙や文法の知識の他に，Und du?（きみは？）や Sehr gern!
│ 　（よろこんで！）のような，動詞や主語が省略された日常表現も覚えよう！
└──────────────────────────────

7 短いテキストの内容把握

正解 　2，3（順序は問いません）

短いテキストを読み，要点を理解できるかどうかを問う問題です。

内容：

私の名前はガブリエラです。日曜日にヨハンナ，ペートラ，リーザと私はパーティーをします。私はスープを作ります。ヨハンナは車を持っています。彼女はビールとワインを買います。リーザはサラダを作ります。彼女は野菜が好きです。ペートラはケーキを焼きます。彼女のケーキはおいしいです。

選択肢 **1** は，テキスト第 2 文の「日曜日にヨハンナ，ペートラ，リーザと私はパーティーをします」という内容と矛盾するので不正解です。選択肢 **2** は，テキスト第 5 文で，「彼女（＝ヨハンナ）はビールとワインを買います」と述べられているので，正解です。［正解率 96.83%］選択肢 **3** は，テキスト第 6 文でその通り述べられているので正解です。［正解率 93.67%］選択肢 **4** は，テキスト第 9 文の「彼女（＝ペートラ）のケーキはおいしいです」と矛盾するので不正解です。したがって，正解は選択肢 **2** と選択肢 **3** です。

◇この問題は 6 点満点（配点 3 点×2）で，平均点は 5.71 点でした。

---

7 **ここがポイント！**

＊どの人物が何をするのかといった細かい点を正確に読み取ろう！
＊文中に未知の語がある場合は，前後の文脈からその意味を推測しよう！

---

8 重要情報の読み取り

正解　**2，4，7**（順序は問いません）

　文字情報を手がかりにして，提示された資料の内容を読み解く問題です。広告や掲示，パンフレットなどの場合には，情報は文形式ではなくキーワードや数字だけで表されることがあります。そのような場合は，簡潔な情報を手がかりとして，文脈に応じた内容を推測する能力が求められます。問題では，ピアノコンサートの案内が題材として取り上げられています。

内容：

ピアノコンサート ― ミヒャエル・グロースマン

プログラム：
　ベートーヴェン，ルートヴィヒ・ファン
　ピアノソナタ　第 8 番，第 14 番，第 23 番
場所：フランス大聖堂（市教会）
住所：フリードリヒ通り 5, 10819 ベルリン
価格：20.05 ユーロ
日時：2018 年 8 月 10 日金曜日，16 時
チケット：オンライン または 電話：030 1357 9428

ミヒャエル・グロースマンのプロフィール：
　ドイツ出身の若手ピアニスト
　2011 年ニュルンベルク音楽大学卒業

　問題文となっている案内の冒頭部で Klavierkonzert（ピアノコンサート）であることが示され，プログラムは Klaviersonaten（ピアノソナタ）であると書かれています。Klavier（ピアノ）という部分を手がかりとして，案内がピアノコンサートに関するものであることが読み取れます。したがって，選択肢 **1** は不正解

— 23 —

です。案内の冒頭部で Michael Grossmann という名前が示され，また案内の最後にプロフィールが記載されています。したがって，選択肢 **2** は正解です。［正解率 96.53%］コンサートの会場については，wo（どこで）という語の後に Französischer Dom（フランス大聖堂）および Stadtkirche（市教会）と書かれています。ここでは特に Kirche（教会）という語がキーワードになります。以上のことから，選択肢 **3** は不正解です。チケットの価格は 20 ユーロ 5 セントと書かれていて，それ以外の価格は表示されていないため，選択肢 **4** は正解です。［正解率 94.72%］開催日の表示 10. August は「8 月 10 日」を意味します。したがって，選択肢 **5** は不正解です。ドイツ語では月と日の表記は日本語と順番が逆であるため，注意が必要です。コンサートの開催日は，選択肢 **6** では土曜日と書かれていますが，案内には Freitag（金曜日）と記載されているため，選択肢 **6** は不正解です。チケットの購入に関しては，オンラインもしくは電話と記載されており，また電話番号も書かれていることから，選択肢 **7** は正解です。［正解率 97.59%］案内にはフランス大聖堂，ベルリンといった情報が載っていますが，これは演奏者の出身地や住所ではありません。案内の最後から 2 行目にある演奏者のプロフィールには，「ドイツ出身の若手ピアニスト」と記されています。したがって，選択肢 **8** は不正解です。

◇この問題は 9 点満点（配点 3 点×3）で，平均点は 8.67 点でした。

8 **ここがポイント！**

＊わからない語や表現があっても，キーワードを手がかりに必要な情報を読み取ろう！

＊ポスターや案内では日付や時刻，価格などの表現に注意しよう！

＊ドイツ語テキストの理解には，ドイツ語圏の文化や生活に関する知識も活用しよう！

【聞き取り試験】

第1部 短い文の聞き取りと数字の書き取り

[正解] (1) 2　(2) 1　(3) 2　(4) 7

　放送された短い文を聞き，その内容を表すのに最も適した絵，または数字を答える問題です。問題 (1) から問題 (3) までは基本的なキーワードを，問題 (4) では数詞を聞き取ることが求められます。

[放送]　問題1:　Am Sonntag gehen meine Eltern in die Kirche.
　内容:　　日曜日，私の両親は教会に行きます。
　両親が日曜日にどこに出かけるかを示した適切なイラストを選ぶ問題です。選択肢 1 は映画館，選択肢 2 は教会，選択肢 3 は居酒屋，選択肢 4 は病院を表すイラストです。ドイツ語では，映画館は Kino，教会は Kirche，居酒屋は Kneipe，病院は Krankenhaus といいます。放送では最後に Kirche という語が用いられていることから，正解は選択肢 2 です。[正解率 78.43%]

[放送]　問題2:　Paula lernt oft in der Bibliothek.
　内容:　　パオラはよく，図書館で勉強します。
　パオラがどこで勉強をするかを正しく聞き取ることが求められます。選択肢 1 は図書館，選択肢 2 は家・住居，選択肢 3 はカフェ，選択肢 4 はテラスを表すイラストです。放送では，「図書館」を意味する Bibliothek が用いられていることから，正解は選択肢 1 です。なお，家は Haus，住居・アパートは Wohnung，カフェは Café，テラスは Terrasse といいます。これらの語も覚えておきましょう。[正解率 80.69%]

[放送]　問題3:　Zum Geburtstag schenke ich Christine Blumen.
　内容:　　誕生日に際し，私はクリスティーネに花を贈ります。
　動詞 schenken（〜に…を贈る）を用いた文を正しく聞き取り，クリスティーネの誕生日に何を贈るかを把握する必要があります。選択肢 1 はケーキ，選択肢 2 は花，選択肢 3 はハンカチ，選択肢 4 はかばんを表すイラストです。放送では，「花」を意味する女性名詞 Blume の複数形 Blumen が用いられていることから，正解は選択肢 2 です。なお，ケーキは Kuchen，ハンカチは Handtuch，かばんは Tasche といいます。これらの語も覚えておきましょう。[正解率 90.05%]

放送 問題 **4**: Der Sohn von Michael ist jetzt sieben Jahre alt.
　内容: ミヒャエルの息子は現在 7 歳です。

　数詞を正しく聞き取る問題です。年齢は,「〜である」という意味の動詞 sein と数詞,「年」を表す Jahr の複数形 Jahre (2 歳以上の場合),「年老いた」という意味の形容詞 alt を用いて表現します。例えば「私は 20 歳です」なら, Ich bin zwanzig Jahre alt. といいます。放送では, ミヒャエルの息子 (der Sohn von Michael) の年齢が述べられており, sieben Jahre alt (7 歳) と言っているため, 正解は **7** です。〔正解率 92.91%〕

◇この問題は 12 点満点 (配点 3 点×4) で, 平均点は 10.26 点でした。

┌─ 第1部 **ここがポイント！**
│ ＊CD などを活用し, ドイツ語の発音に慣れ親しもう！
│ ＊日常生活に必要な基本語彙を優先的に覚えていこう！
│ ＊am Sonntag (日曜日に), in der Bibliothek (図書館で), zum Geburtstag
│ 　(誕生日に際し) など, 前置詞を伴った表現はまとまった単位として覚え
│ 　よう！
└─

第2部 テキストの重要情報の聞き取り

正解 (5) **2** 　(6) **3** 　(7) **3**

　放送されるドイツ語を聞き, その内容に関する質問の答えを選ぶ問題です。質問もドイツ語で放送されます。

放送
　A: Hallo. Ich heiße Anton. Wie heißt du?
　B: Ich heiße Katrin. Ich studiere Mathematik. Und du?
　A: Ich studiere Chemie.
　内容:
　A: やあ, 僕はアントン。きみの名前は？
　B: 私はカトリン。数学を専攻しているの。きみは？
　A: 僕は化学専攻だよ。

— 26 —

放送 問題**5**: Was studiert Anton?

　質問は「アントンは何を専攻していますか?」という意味です。アントンは Chemie (化学) を専攻していると言っているので, 正解は選択肢 **2** の Chemie. です。人物と専攻の組み合わせに注意しましょう。[正解率 94.72%]

放送 問題**6**: Was studiert Katrin?

　質問は「カトリンは何を専攻していますか?」という意味です。カトリンは Mathematik (数学) を専攻していると言っているので, 正解は選択肢 **3** の Mathematik. です。問題 **5** と同様に, 人物と専攻の組み合わせに注意しましょう。[正解率 97.13%]

放送 問題**7**: Was sind Katrin und Anton von Beruf?

　質問は「カトリンとアントンの職業は何ですか?」という意味です。会話の中で用いられている動詞 studieren は「(大学で) 専攻する」という意味であることから, 2 人は大学生といえます。したがって, 正解は選択肢 **3** の Sie sind Studenten. (彼らは学生です) です。なお, 選択肢 **1** の Lehrer は「教師」, 選択肢 **2** の Schüler は「生徒」という意味です。[正解率 90.35%]

◇この問題は 9 点満点 (配点 3 点×3) で, 平均点は 8.47 点でした。

第2部 **ここがポイント!**
* Student/Studentin と Schüler/Schülerin の違いを正しく理解しよう!
* 授業科目や専攻分野に関する語彙を身につけよう!

第3部 会話の場面理解

正解 (8) **2**　(9) **1**　(10) **3**

　放送された三つの短い会話を聞き, それぞれの会話の場面を把握する問題です。聞き取りの際には, キーワードを的確に理解し, 全体としてどのようなことを言っているのかを大まかに掴むことが重要です。

放送 問題**8**
A: Möchtest du noch ein Stück Kuchen?
B: Nein, danke. Aber ich möchte gern noch Kaffee.
A: Gern. Einen Moment, bitte!

内容：

A： ケーキをもう一切れどう？

B： いいえ，結構です。でもコーヒーをまだいただきたいです。

A： 喜んで。ちょっと待って（すぐ持ってくるよ）！

Kuchen（ケーキ）や Kaffee（コーヒー）という語が理解の助けになります。正解は選択肢 **2** です。なお，勧められた食べ物や飲み物を断るときには，一般的に Nein, danke.（いいえ，結構です）を用います。他方，応じる場合には，Ja, bitte!（ええ，お願いします）を用います。［正解率 99.70%］

放送 問題 **9**

A： Was macht ihr heute Nachmittag?

B： Wir gehen schwimmen.

A： Ach so. Viel Spaß!

内容：

A： 今日の午後，きみたちは何をするの？

B： 僕たちは泳ぎに行くよ。

A： あら，そうなの。楽しんでね！

heute Nachmittag（今日の午後），schwimmen（泳ぐ）という語句から，午後に何をする予定であるのかが話題になっていることがわかります。正解は選択肢 **1** です。Viel Spaß!（楽しんで！）という表現は，遊びに出かける人などに対して使う表現です。ちなみに，試験などを受ける人には，Viel Erfolg!（成功を祈ります！）という表現を使います。［正解率 99.25%］

放送 問題 **10**

A： Wohin fahren wir im Sommer?

B： Fahren wir nach Italien?

A： Gute Idee!

内容：

A： 夏はどこへ行こうか？

B： イタリアに行く？

A： いい考えだね！

wohin（どこへ），im Sommer（夏に）という語句から，夏にどこへ行くかが話題とされていることがわかります。正解は選択肢 **3** です。なお，fahren は「（乗

り物で）行く」という意味の動詞であり，徒歩の場合には「（歩いて）行く」を意味する動詞 gehen を使います。［正解率 99.55％］

◇この問題は 9 点満点（配点 3 点×3）で，平均点は 8.95 点でした。

┌─ **第3部** **ここがポイント！** ──────────┐

＊会話の中で重要な語句を聞き取ろう！

＊会話の聞き取りでは語彙力が問われる。日常生活でよく使われる基本語彙
　から覚えていこう！

└──────────────────────────┘

2019年度 冬期 ドイツ語技能検定試験

5級

筆記試験　問題

（試験時間　40分）

―――― 注　意 ――――

■受験票と机の上の受験番号が同じであることを確認してください。

■携帯電話，スマートフォン，スマートウォッチ等の電子機器類は電源を切り，カバン等にしまってください。机の上に置いてはいけません。

■中途退場は認めません。退場は試験放棄となります。

①問題冊子は試験開始の合図があるまで，開いてはいけません。

②問題冊子は表紙・裏表紙を含めて8ページあります。

余白は下書き・メモ用に使ってかまいません。

③試験監督者の指示に従って，解答用紙の所定の欄に，受験番号・氏名を記入してください。

④解答は黒のHBの鉛筆で強めに記入してください。

書き直す場合には，消しゴムできれいに消してから記入してください。

⑤**解答はすべて解答用紙の指定された箇所に記入してください。**

⑥記入する数字は，下記の見本に従って書いてください。

■試験が終わっても，指示があるまで席を立たないでください。

■解答用紙は持ち帰ってはいけません。

■この問題冊子の無断転載，無断複製を禁じます。

1

次の文で空欄 (**a**) ～ (**d**) の中に入れるのに最も適切な動詞の形を，下の **1** ～ **3** から選び，その番号を解答欄に記入しなさい。

Ich (**a**) einen Japaner. Er (**b**) Mathematik. Sein Bruder (**c**) Musiklehrer. Jetzt (**d**) sie in Yokohama.

(a)	**1** kenne	**2** kennen	**3** kennt
(b)	**1** studiere	**2** studierst	**3** studiert
(c)	**1** bist	**2** ist	**3** sind
(d)	**1** wohne	**2** wohnen	**3** wohnst

2

次の (**1**) ～ (**3**) の文で ( ) の中に入れるのに最も適切なものを，下の **1** ～ **4** から選び，その番号を解答欄に記入しなさい。

(**1**) ( ) ist dein Hobby? – Mein Hobby ist Ski fahren.
  1 Wann   **2** Warum   **3** Was   **4** Wo

(**2**) Die Katze heißt Linda. ( ) ist sehr alt.
  1 Er   **2** Es   **3** Ihr   **4** Sie

(**3**) Kaufst du Schuhe? – Ja, aber ( ) Schuhe hier sind zu teuer.
  1 das   **2** den   **3** der   **4** die

3 次の (**A**) ～ (**C**) に挙げられた単語のうち，意味のグループが他と異なるものを，例にならって，下の **1** ～ **4** から一つだけ選び，その番号を解答欄に記入しなさい。ただし，名詞の性の区別は関係ありません。

例） **1** Brot   **2** Buch   **3** Ei   **4** Eis
2 の Buch（本）だけ食べ物ではないので他と異なります。

(**A**)   **1** Garten   **2** Geige   **3** Gitarre   **4** Klavier
(**B**)   **1** heiß   **2** heute   **3** jetzt   **4** sofort
(**C**)   **1** Auto   **2** Fahrrad   **3** Küche   **4** Zug

4 次の (1) ～ (4) の条件にあてはまるものが各組に一つあります。それを下の **1** ～ **4** から選び，その番号を解答欄に記入しなさい。

(1) 下線部の発音が他と異なる。
    1 Po<u>s</u>t   **2** <u>s</u>chreiben   **3** <u>S</u>port   **4** Stra<u>ß</u>e

(2) 下線部にアクセント（強勢）が<u>ない</u>。
    1 B<u>e</u>ruf   **2** Hot<u>e</u>l   **3** Mom<u>e</u>nt   **4** W<u>e</u>tter

(3) 下線部が<u>短く</u>発音される。
    1 B<u>a</u>d   **2** h<u>a</u>ben   **3** Pl<u>a</u>tz   **4** schl<u>a</u>fen

(4) 問い **A** に対する答え **B** の下線の語のうち，通常最も強調して発音される。
    A: Fährt dein Vater nach Berlin?
    B: Nein, <u>mein</u> <u>Bruder</u> <u>fährt</u> nach <u>Berlin</u>.

    1 mein   **2** Bruder   **3** fährt   **4** Berlin

5 (A) 〜 (C) の会話の内容として最も適切なものを，下の **1** 〜 **4** から選び，その番号
を解答欄に記入しなさい。

(A)   **A**: Hier ist Ihr Ticket.
      B: Danke schön.
      A: Bitte. Ihr Flugzeug fliegt um 14 Uhr.

(B)   **A**: Was möchtest du kaufen, Tobias?
      B: Ich brauche Milch und Butter für heute Abend.
      A: Okay, dann gehen wir in den Supermarkt.

(C)   **A**: Zwei Karten für das Picasso-Museum, bitte.
      B: Gerne. 24 Euro, bitte. Viel Spaß!
      A: Danke!

1 美術館	**2** 搭乗手続き
3 コンサート	**4** 買い物

6

次の文章は，Paul と Emma の居間での会話です。この会話を完成させるために，日本語になっている箇所 **A** 〜 **D** にあてはまる最も適切なドイツ語を，下の **1** 〜 **3** から選び，その番号を解答欄に記入しなさい。

Paul: Hallo, Emma. (**A** いったい何をやっているの？)
Emma: Hallo, Paul. Ich suche meine Brille.
Paul: (**B** それは新しいの？)
Emma: Nein. Aber die Brille gefällt mir sehr gut.
Paul: Aha, ich verstehe. Wir suchen sie zusammen!
　　　 Oh, hier! Ist das deine Brille?
Emma: (**C** そう，そのとおり！) Vielen Dank, das ist sehr nett von dir.
Paul: (**D** どういたしまして！)

A 1 Wann machst du es?
　 2 Was machst du denn?
　 3 Wer macht das?

B 1 Ist sie groß?
　 2 Ist sie neu?
　 3 Ist sie teuer?

C 1 Ja, genau!
　 2 Ja, gern!
　 3 Ja, gestern!

D 1 Bitte schön!
　 2 Nicht schlecht!
　 3 Viel Spaß!

7 以下は Miriam が祖母について書いた文章です。この文章の内容に合うものを，下の **1** ～ **4** から二つ選び，その番号を解答欄に記入しなさい。ただし，番号の順序は問いません。

Meine Oma ist 80 Jahre alt und lebt allein in Bremen. Sie hat auch in unserem Haus in München ein Zimmer und kommt jeden Sommer zu uns. Oma ist sehr gesund und reist viel. Sie geht jeden Tag in den Park und besucht oft Theater. Sie bleibt nicht gern zu Hause. Wir lieben Oma.

1 ミリアムの祖母はミュンヘンで一人暮らしをしている。

2 ミリアムの祖母は毎年夏にミリアムの家を訪れる。

3 ミリアムの祖母はとても元気で，よく旅行をする。

4 ミリアムの祖母は毎日公園と劇場へ行く。

8 以下は，アルバイトの募集広告の一部です。表示の内容と一致するものを，**1**〜**8**から三つ選び，その番号を解答欄に記入しなさい。ただし，番号の順序は問いません。

!!Ferienjob!!
Bäckerei am Marktplatz sucht
eine Verkäuferin / einen Verkäufer!!

Zeitraum:	01. August bis 13. Oktober
Arbeitszeit:	Montag bis Freitag 8-15 Uhr / Samstag 10-17 Uhr
	(ab 20 Stunden / Woche)
Alter:	ab 18 Jahren
	(Studentinnen und Studenten willkommen!)
Lohn:	9,50 Euro / Stunde
Kontakt:	E-MAIL: cafe-ampl@goggle.de
	TEL: 0174 543 XXXX (nur vormittags)

---

1 アルバイトを募集しているのはレストランである。

2 男女問わずアルバイトを募集している。

3 アルバイトの勤務開始日は9月1日である。

4 平日以外の勤務時間は日曜日の10時から17時である。

5 少なくとも週20時間の勤務が求められている。

6 学生の応募は受け付けていない。

7 時給は9.5ユーロである。

8 電話での問い合わせは午後のみ受け付けている。

5級

2019年度 冬期 ドイツ語技能検定試験

筆記試験 解答用紙

受 験 番 号	氏　　　名
1 9 W	

手書き数字見本
0 1 2 3 4 5 6 7 8 9

1 (a) □ (b) □ (c) □ (d) □

2 (1) □ (2) □ (3) □

3 (A) □ (B) □ (C) □

4 (1) □ (2) □ (3) □ (4) □

5 (A) □ (B) □ (C) □

6 A □ B □ C □ D □

7 □ □

8 □ □ □

2019年度 冬期 ドイツ語技能検定試験
5級
聞き取り試験　解答の手引き
（試験時間　約20分）

> 出題は新しい正書法（単語のつづり方などに関する規則）に従います。解答は新旧いずれの方式でも認めます。

------ 注　　意 ------

■受験票と机の上の受験番号が同じであることを確認してください。
■携帯電話，スマートフォン，スマートウォッチ等の電子機器類は電源を切り，カバン等にしまってください。机の上に置いてはいけません。
■中途退場は認めません。

① 指示があるまでページを開いてはいけません。
② 聞き取り試験は3部から成り立っています。
③ 試験監督者の指示に従って，解答用紙の所定の欄に，受験番号・氏名を記入してください。
④ 放送の指示でページを開き，解答のしかたをよく読んでください。解答のしかたと選択肢などが，2～3ページに示されています。
⑤ 解答は黒のHBの鉛筆で強めに記入してください。
　書き直す場合には，消しゴムできれいに消してから記入してください。
⑥ **解答はすべて試験時間内に解答用紙の指定された箇所に記入してください。**
⑦ 記入する数字は，下記の見本に従って書いてください。

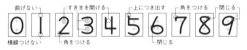

⑧ アルファベットは大文字と小文字の判別ができるようにはっきりと書いてください。

■試験が終わっても，指示があるまで席を立たないでください。
■解答用紙は持ち帰ってはいけません。
■この問題冊子の無断転載，無断複製を禁じます。

第 1 部　Erster Teil

1. 第 1 部は，問題 (**1**) から (**5**) まであります。
2. まずドイツ語の短い文章を 2 回放送します。
3. それを聞いて，その文章の内容を最も適切に表している絵をそれぞれ **1** ～ **4** から一つ選び，その番号を解答用紙の所定の欄に記入してください。
4. 以下，同じ要領で問題 (**2**), (**3**) と進みます。
5. 次に，問題 (**4**) では数字を聞き取り，その答えを算用数字で解答用紙の所定の欄に記入してください。
6. 次に，問題 (**5**) では動詞を聞き取り，その答えを解答用紙の所定の欄に記入してください。
7. 最後に，問題 (**1**) から (**5**) までをもう一度通して放送します。
8. メモは自由にとってかまいません。

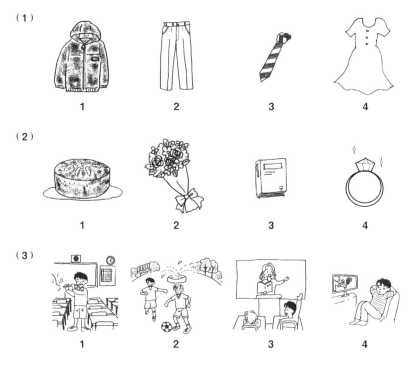

(**1**)　　　1　　　　2　　　　3　　　　4

(**2**)　　　1　　　　2　　　　3　　　　4

(**3**)　　　1　　　　2　　　　3　　　　4

(**4**)　Im Supermarkt kaufe ich ☐ Äpfel.

(**5**)　Jeden Tag _____ ich Deutsch.

CD 7

第2部　Zweiter Teil
---

1. 第2部は，問題（**6**）から（**8**）まであります。
2. まずドイツ語の短い文章を放送します。次にその文章についての質問として，問題（**6**）〜（**8**）を放送します。
3. それを聞いた上で，それぞれの問いの選択肢 **1**〜**3** から質問の答えとして最も適したものを選び，その番号を<u>解答用紙の所定の欄</u>に記入してください。
4. 文章と質問は，合計3回放送します。
5. メモは自由にとってかまいません。

（**6**）　**1**　In Berlin.　　　　**2**　In Bonn.　　　　**3**　In Bremen.

（**7**）　**1**　Am Freitag.　　　**2**　Am Samstag.　　　**3**　Am Sonntag.

（**8**）　**1**　Ein Auto.　　　　**2**　Einen Ball.　　　　**3**　Ein Buch.

CD 8

第3部　Dritter Teil
---

1. 第3部は，問題（**9**）から（**11**）まであります。
2. まずドイツ語の短い会話を続けて2回放送します。それを聞いて，その会話の状況として最も適したものを下の **1**〜**3** のうちから選び，その番号を<u>解答用紙の所定の欄</u>に記入してください。
3. 以下，同じ要領で問題（**11**）まで順次進みます。
4. 最後に，問題（**9**）から（**11**）までをもう一度通して放送します。そのあと，およそ1分後に試験終了のアナウンスがあります。試験監督者が解答用紙を集め終わるまで席を離れないでください。
5. メモは自由にとってかまいません。

　　1　娘の職業について話している。

　　2　カフェで何を注文するかについて話している。

　　3　パーティーで着る服について話している。

（**9**）

（**10**）

（**11**）

5級

2019年度 冬期 ドイツ語技能検定試験
聞き取り試験 解答用紙

受　験　番　号	氏　　名
1 9 W	

手書き数字見本

0 1 2 3 4 5 6 7 8 9

【第1部】

(1)		(2)		(3)	

(4) Im Supermarkt kaufe ich ☐ Äpfel.

(5) Jeden Tag _____ ich Deutsch.

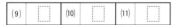

採点欄

【第2部】

(6)		(7)		(8)	

【第3部】

(9)		(10)		(11)	

冬期 《5級》 ヒントと正解

【筆 記 試 験】

■1 動詞の現在人称変化

正解 (a) 1 (b) 3 (c) 2 (d) 2

　動詞の現在人称変化に関する問題です。動詞は「語幹」部分と「語尾」部分からできています。語尾は主語の「人称」と「数」，そして「時制」によって決まります。問題では，主語に一致する動詞の現在人称変化形を選ぶことが求められています。動詞は，規則的に変化するものだけでなく，不規則に変化するものもあります。一つ一つ確実に覚えていきましょう。問題文は「私は，ある日本人男性を知っています。彼は数学を研究しています。彼の兄（もしくは弟）は音楽教師です。現在，彼らは横浜に住んでいます」という意味です。

　(a) kennen（知っている）の現在人称変化形を問う問題です。kennen は規則変化動詞であり，問題文の主語が 1 人称単数の人称代名詞 ich であることから，動詞の変化形は語尾 -e で終わっている必要があります。正解は選択肢 **1** の kenne です。[正解率 98.03%]

　(b) studieren（研究する，学問として学ぶ）の現在人称変化形を問う問題です。studieren は規則変化動詞であり，問題文の主語は 3 人称単数の人称代名詞 er であることから，動詞の変化形は語尾 -t で終わっている必要があります。正解は選択肢 **3** の studiert です。[正解率 92.69%]

　(c) 重要な動詞 sein（〜である）の現在人称変化形を問う問題です。sein は主語に応じて変化形が大きく異なる不規則動詞であり，単数の場合は ich bin, du bist, er/sie/es ist，複数の場合は wir sind, ihr seid, sie sind，敬称 2 人称の場合は Sie sind のように変化します。問題文の主語である sein Bruder は代名詞 er で置き換えられることからもわかるように 3 人称単数に相当することから，動詞も 3 人称単数の変化形にする必要があります。正解は選択肢 **2** の ist です。[正解率 87.06%]

（**d**）wohnen（住む）の現在人称変化形を問う問題です。wohnen は規則変化動詞です。問題文の主語は空欄（**d**）の直後に置かれている人称代名詞 sie です。人称代名詞 sie は 3 人称単数女性と 3 人称複数という 2 通りの可能性がありますが，直前までの文章では，ある日本人兄弟が話題にされていることから，sie はその日本人兄弟を指す 3 人称複数の人称代名詞に相当するものと理解するのが自然です。したがって，動詞の変化形は語尾 -en で終わっている必要があります。正解は選択肢 **2** の wohnen です。［正解率 82.84%］

◇この問題は 12 点満点（配点 3 点×4）で，平均点は 10.82 点でした。

---

1 ここがポイント！

＊規則的に変化する動詞については，主語に合わせた語尾の区別を覚えよう！

＊sein，haben，werden など，不規則に変化する重要な動詞については，主語ごとにどのような変化形になるのか正確に覚えよう！

＊3 人称単数としての sie と 3 人称複数としての sie など，同形の人称代名詞が複数ある場合は，ある文中の人称代名詞が何を指しているのか，前後の文脈を踏まえて判断した上で，それに対応する動詞の変化形を選択しよう！

---

2 疑問詞・代名詞・冠詞

正解 （**1**）**3** 　（**2**）**4** 　（**3**）**4**

空欄に，疑問詞，代名詞，冠詞を補う問題です。前後の文脈や隣接する表現を手がかりに，疑問詞が指す内容，代名詞や冠詞の性・数・格を判断する必要があります。また，疑問詞を伴う疑問文では，疑問詞が答えに相当する文のうちどの表現と対応関係にあるのかを把握することが重要です。なお，（**1**）と（**2**）では，空欄が文頭にあたるため，いずれの選択肢も語頭が大文字であるという点に注意してください。

（**1**）疑問詞に関する問題です。選択肢 **1** の wann は「いつ」，選択肢 **2** の warum は「なぜ」，選択肢 **3** の was は「何」，選択肢 **4** の wo は「どこで，どこに」という意味です。前半部（質問）の答えにあたる後半部は「私の趣味はスキーをすることです」という意味であることから，前半部の空欄には「何」を意味する was を

入れるのが適切です。したがって，正解は was の語頭を大文字書きした選択肢 **3** です。問題文の前半部は「きみの趣味は何ですか？」という意味です。［正解率 93.39%］

（**2**）人称代名詞に関する問題です。ドイツ語では，人称代名詞で名詞を受ける場合，性・数を一致させる必要があります。第 1 文は「その猫はリンダという名前です」という意味です。この文の主語は Katze（猫）であり，定冠詞が die であること，動詞が語尾 -t で終わっていることから，Katze は女性名詞の単数形であることがわかります。続く第 2 文は，第 1 文を内容的に補足しているものと理解できます。また，第 2 文では動詞 sein の 3 人称単数形 ist が用いられていることから，空欄に入れるべき人称代名詞も 3 人称単数であることがわかります。さらに，その人称代名詞は，第 1 文の名詞と性が一致している必要があるため，単数女性の sie でなければなりません。したがって，正解は sie の語頭を大文字書きした選択肢 **4** です。第 2 文は「その猫はとても年老いている」という意味です。［正解率 72.57%］

（**3**）定冠詞に関する問題です。前半部は「きみは靴を買うの？」という意味であり，Schuhe（靴）は動詞 kaufen（〜を買う）の目的語にあたります。後半部は，空欄抜きで「うん。でも，ここにある靴は値段が高すぎるよ」という意味を表します。後半部の Schuhe は文中の主語に相当します。また，目の前にある特定の靴が話題とされているため，空欄には定冠詞を補う必要があります。さらに，動詞 sein が 3 人称複数形の sind であることから，Schuhe は複数形であることがわかります。以上のことから，空欄には複数 1 格の定冠詞 die が入ります。したがって，正解は選択肢 **4** です。なお，選択肢 **1** の das，選択肢 **3** の der は，それぞれ中性単数 1 格，男性単数 1 格の定冠詞として用いることはできますが，問題文の Schuhe は複数 1 格であるため，空欄には適しません。［正解率 55.84%］

◇この問題は 9 点満点（配点 3 点×3）で，平均点は 6.65 点でした。

2 **ここがポイント！**
 ＊主要な疑問詞の意味を覚え，正しく区別できるようにしよう！
 ＊名詞とそれを受ける人称代名詞は，性・数が一致していなければならないということに注意しよう！
 ＊名詞の性・数や格に合わせて適切な定冠詞を選べるようにしよう！

3 語彙（意味が他と異なる語の選択）

正解 (A) 1　　(B) 1　　(C) 3

　四つの語の中から，意味が他と異なるものを選ぶ問題です。語彙力が試されます。

　(A) 選択肢 **1** は「庭」，選択肢 **2** は「バイオリン」，選択肢 **3** は「ギター」，選択肢 **4** は「ピアノ」という意味です。この中では，楽器の名称でない選択肢 **1** が正解です。なお，選択肢 **2**，選択肢 **3**，選択肢 **4** は，動詞 spielen との組み合わせで Geige/Gitarre/Klavier spielen（バイオリン／ギター／ピアノを演奏する）のように楽器演奏を表すことができます。［正解率 78.06%］

　(B) 選択肢 **1** は「暑い」，選択肢 **2** は「今日」，選択肢 **3** は「いま」，選択肢 **4** は「すぐに」という意味です。この中では，時を表す副詞でない選択肢 **1** が正解です。選択肢 **2**，選択肢 **3**，選択肢 **4** は，Er kommt heute/jetzt/sofort（彼は今日／いま／すぐに来ます）のように時を表すことができるという点に注意してください。［正解率 69.06%］

　(C) 選択肢 **1** は「車」，選択肢 **2** は「自転車」，選択肢 **3** は「台所」，選択肢 **4** は「列車」という意味です。この中では，乗り物の名称でない選択肢 **3** が正解です。なお，選択肢 **1**，選択肢 **2**，選択肢 **4** のような乗り物での移動を表す場合は，動詞 fahren（乗り物で行く）を用います。［正解率 77.22%］

◇この問題は 9 点満点（配点 3 点×3）で，平均点は 6.73 点でした。

---

3 ここがポイント！

＊話題や場面別によく使う語はまとめて効率的に覚えよう！
＊語の意味を覚えるだけでなく，その語がどの品詞に相当するのかにも注意しよう！

---

4 発音とアクセント

正解 (1) 1　　(2) 1　　(3) 3　　(4) 2

　発音，アクセントの位置，母音の長短などに関する問題です。基本的な規則や語種に関する知識が必要とされます。

（**1**）子音字 s と sch の発音に関する問題です。子音字 sch は［ʃ］と発音されます。また，子音字 sp と st は，Sprache（言語）や Stein（石）のように語頭など音節の始めにある場合，それぞれ［ʃp］，［ʃt］と発音されます。実際，選択肢 **2** の schreiben（書く），選択肢 **3** の Sport（スポーツ），選択肢 **4** の Straße（通り）はいずれも，下線部が［ʃ］と発音されます。一方，選択肢 **1** の Post（郵便局，郵便物）では，st は音節の始めに相当しません。この場合，下線部 s は［s］と発音されます。したがって，正解は選択肢 **1** です。なお，選択肢 **2** を選んだ解答が 30.24% ありました。［正解率 63.85%］

（**2**）アクセントの位置に関する問題です。ドイツ語では原則として，語は最初の音節にアクセントが置かれます。しかし，外来語や語頭が非分離前つづりである語などの場合，この限りではありません。選択肢 **2** の Hotel（ホテル）と選択肢 **3** の Moment（瞬間，契機）はともに外来語であり，下線部の第 2 音節にアクセントが置かれます。また，選択肢 **4** の Wetter（天気）では，原則通り最初の音節にアクセントが置かれます。一方，選択肢 **1** の Beruf（職業）では，語頭が非分離前つづり be- にあたります。非分離前つづりにはアクセントが置かれないことから，下線部にはアクセントがありません。この場合，アクセントは第 2 音節中の u に置かれます。以上をまとめると，選択肢 **2**，選択肢 **3**，選択肢 **4** では下線部 e にアクセントが置かれるのに対し，選択肢 **1** では下線部 e にアクセントが置かれません。したがって，正解は選択肢 **1** です。なお，選択肢 **3** を選んだ解答が 29.40% ありました。［正解率 59.92%］

（**3**）母音の長短に関する問題です。ドイツ語の語では原則として，アクセントのある母音は，子音字一つの前では長く発音され，子音字二つ以上の前では短く発音されます。四つの選択肢はいずれも，下線部にアクセントが置かれますが，このうち，選択肢 **1** の Bad（浴室，プール），選択肢 **2** の haben（持っている），選択肢 **4** の schlafen（眠る）では，母音 a の後に続く子音字は一つであり，上記の原則通り母音 a は長く発音されます。一方，選択肢 **3** の Platz（広場，席）では，母音 a の後に子音字が二つあり，母音 a は短く発音されます。したがって，正解は選択肢 **3** です。［正解率 81.58%］

（**4**）文の中で強調して発音される語を選ぶ問題です。一般的に，文中では最も重要な情報を担う部分が強調されます。**A** は「きみの父親はベルリンに行くの？」と尋ねています。これに対し，**B** は「いや，私の兄（または弟）がベルリンに行くんだよ」と答えています。**A** の質問に対する **B** の返答では，ベルリンに行くのが

B の父親ではなく **B** の兄（または弟）であることが最も重要であり，それゆえ選択肢 **2** の Bruder が強調して発音されます。したがって，正解は選択肢 **2** です。［正解率 82.70%］

◇この問題は 12 点満点（配点 3 点×4）で，平均点は 8.64 点でした。

---

4 ここがポイント！

＊子音字 sp や st は，語頭など音節の始めにある場合とそうでない場合とで s の発音が異なるので注意しよう！

＊母音の長短の区別は，後続する子音字の数とある程度まで関わりがあるため，文字数も適宜，手がかりにしてみよう！

---

5 会話の場面理解

正解 （**A**） **2**　　（**B**） **4**　　（**C**） **1**

短い会話を読み，適切な場所や場面を選ぶ問題です。さまざまな表現を手がかりとした上で，会話の状況を総合的に判断する力が求められます。

（**A**）会話の内容は次の通りです。

A: こちらがあなたのチケットです。

B: どうもありがとうございます。

A: どういたしまして。あなたの飛行機は 14 時に出発します。

A の発言において Ticket（チケット）と Flugzeug（飛行機）という語が使用されていること，さらに，飛行機の出発時刻が話題にされていることから，会話は飛行機の搭乗手続きに関するものであると予想できます。正解は選択肢 **2** です。なお，Hier ist ...（こちらが〜です）は，ものの提示や受け渡しなどの場面でよく使われる表現です。［正解率 96.48%］

（**B**）会話の内容は次の通りです。

A: 何を買いたいの，トビーアス？

B: 今晩用に牛乳とバターが必要なんだ。

A: わかった。じゃあ，スーパーに行こう。

動詞 kaufen（買う）を用いた **A** の問いかけとそれに続く **B** の返答から，**B** には

買いたいものがあるということがわかります。また，会話の最後で **A** は，Super-markt（スーパーマーケット）という語を用いて，スーパーマーケットに行くことを提案しています。したがって，正解は選択肢 **4** です。［正解率 99.44%］

(**C**) 会話の内容は次の通りです。
A: ピカソ美術館のチケットを 2 枚お願いします。
B: はい。24 ユーロです。どうぞお楽しみください！
A: ありがとうございます！

冒頭の **A** の発言における Museum（美術館，博物館）という語から，会話が美術館に関するものであることがわかります。したがって，正解は選択肢 **1** です。なお，何かを（買い）求めるときには，品目名と bitte を組み合わせて，…, bitte.（〜をお願いします）のように表現することができます。また，Viel Spaß!（楽しんで！）は，楽しみのために出かける人に対して使う言い回しであり，幅広く用いられます。［正解率 99.30%］

◇この問題は 9 点満点（配点 3 点×3）で，平均点は 8.86 点でした。

5 ここがポイント！

＊テキスト全体を読み，キーワードを探し出そう！
＊鍵となる語や言い回しを手がかりに，会話の場所や場面を推測しよう！

6 初歩の会話表現

正解 (**A**) 2　(**B**) 2　(**C**) 1　(**D**) 1

短い会話文を読み，日本語で記されている内容に対応するドイツ語表現を選ぶ問題です。基本的な会話表現を覚えておくことが大切です。

内容:
Paul: こんにちは，エマ。（**A** いったい何をやっているの？）
Emma: こんにちは，パウル。私の眼鏡を探しているの。
Paul: （**B** それは新しいの？）
Emma: いいえ。でも，その眼鏡はとても気に入っているの。
Paul: なるほど，わかった。一緒にそれを探そう！
あ，ここ！　これがきみの眼鏡かい？

Emma: (**C** そう，その通り！) ありがとう。どうもご親切に。

Paul: (**D** どういたしまして！)

（**A**）パウルはエマに「何を」やっているのかと尋ねています。したがって，疑問詞 was（何）を用いた選択肢 **2** が正解です。なお，疑問詞 wann（いつ）を用いた選択肢 **1** は「いつきみはそれをやるの？」，疑問詞 wer（誰が）を用いた選択肢 **3** は「誰がそれをやるの？」という意味です。［正解率 93.81%］

（**B**）三つの選択肢は，Ist sie ...? の部分が共通し，最後の形容詞の部分だけが異なっています。選択肢 **1** の形容詞 groß は「大きい」，選択肢 **2** の形容詞 neu は「新しい」，選択肢 **3** の形容詞 teuer は「高価な」という意味です。パウルはエマに，眼鏡が「新しい」のかと尋ねているので，選択肢 **2** が正解です。なお，選択肢中の人称代名詞 sie は，人間の女性ではなくエマの発言中の meine Brille（私の眼鏡）を指しています。［正解率 98.45%］

（**C**）三つの選択肢は，Ja, ... の部分が共通し，最後の副詞の部分だけが異なっています。選択肢 **1** の副詞 genau は話し手の同意を表します。一方，選択肢 **2** の副詞 gern は「喜んで」，選択肢 **3** の副詞 gestern は「昨日」という意味です。会話では，パウルの「これがきみの眼鏡かい？」という質問に対して，エマは同意を示し，「その通り！」と答えています。したがって，正解は選択肢 **1** です。［正解率 49.09%］

（**D**）エマのお礼の言葉に対して，パウルは「どういたしまして！」と答えています。これに対応するドイツ語表現は Bitte schön! です。したがって，正解は選択肢 **1** です。選択肢 **2** の Nicht schlecht! は「悪くないね！」という意味で，物事に対する話し手の肯定的な評価を表します。選択肢 **3** の Viel Spaß! は「楽しんで！」という意味です。選択肢 **2** と選択肢 **3** は，お礼の言葉に対する返事としては用いられません。［正解率 82.28%］

◇この問題は 12 点満点（配点 3 点×4）で，平均点は 9.71 点でした。

6 ここがポイント！

＊さまざまな疑問詞の意味を覚え，相互に区別できるようにしよう！

＊お礼とそれに対する返答などのように，重要な受け答えについては，よく覚えておこう！

7 短いテキストの内容把握

正解　**2, 3**（順序は問いません）

　短いテキストを読み，要点を理解できるかどうかを問う問題です。テキスト中の語句を手がかりに正確な内容を把握する力が求められます。

内容:

　私の祖母は 80 歳で，ブレーメンで一人暮らしをしています。彼女はミュンヘンの私たちの家にも部屋があり，毎年夏に私たちのところにやってきます。祖母はとても健康で，たくさん旅行をします。彼女は毎日公園に行き，そして，しばしば劇場を訪れます。彼女は家でじっとしているのが好きではありません。私たちは祖母が大好きです。

　選択肢 1 は，第 1 文のうち「ブレーメンで一人暮らしをしています」という部分と矛盾するので不正解です。選択肢 2 は，第 2 文のうち「毎年夏に私たちのところにやってきます」という部分に合致するので，正解です。［正解率 77.64%］選択肢 3 は，第 3 文の「とても健康で，たくさん旅行をします」という部分に合致するので正解です。［正解率 66.95%］選択肢 4 については，「毎日公園と劇場へ行く」という部分が第 4 文の「毎日公園に行き，そして，しばしば劇場を訪れます」という部分と完全には合致しません。第 4 文で述べられているのは，ミリアムの祖母が，毎日公園に行く（geht jeden Tag in den Park）ということ，そして，しばしば劇場を訪れる（besucht oft Theater）ということです。祖母が毎日劇場を訪れるということは，テキスト全体を通じて述べられていません。以上のことから，正解は選択肢 **2** と選択肢 **3** です。なお，選択肢 **1** を選んだ解答が 9.42%，選択肢 **4** を選んだ解答が 45.99% ありました。

◇この問題は 6 点満点（配点 3 点×2）で，平均点は 4.34 点でした。

7 ここがポイント！

＊テキスト全体から重要な情報を正確に読み取ろう！
＊頻度表現がある場合は，その頻度が何に関連づけられるのかに注意しよう！

8 重要情報の読み取り

ドイツ語の文字情報を手がかりにして要点を把握する問題です。広告や掲示，パンフレットなどの場合，情報は文形式で提示されるとは限らず，キーワードだけで簡潔に表されることが多くあります。そうした場合にもポイントを押さえることのできる力が求められます。以下は，問題で使用されている募集広告の日本語訳です。

内容：

!! 長期休暇中アルバイト !!
中央広場前のベーカリー，女性／男性の販売員を募集 !!

期間：	8 月 1 日から 10 月 13 日まで
勤務時間：	月曜日から金曜日まで　8 時～15 時／土曜日　10 時～17 時
	（週 20 時間から）
年齢：	18 歳以上
	（女子／男子大学生歓迎 !）
給料：	時給 9.50 ユーロ
連絡先：	電子メール：cafe-ampl@goggle.de
	電話：0174–543–XXXX（午前中のみ）

以下，選択肢 **1** から選択肢 **8** まで順に確認していきます。募集広告には，Bäckerei sucht ...（ベーカリーが～を探している）という表現が記載されています。したがって，選択肢 **1** は不正解です。一方，募集対象である販売員については，eine Verkäuferin / einen Verkäufer のように女性形と男性形が並記されています。したがって，選択肢 **2** は正解です。[正解率 94.23%] 次に，期間については，01. August bis 13. Oktober（8 月 1 日から 10 月 13 日まで）と記載されています。したがって，選択肢 **3** は不正解です。また，平日（月曜日から金曜日まで）以外の勤務時間については，Samstag 10-17 Uhr（土曜日　10 時～17 時）と指定されています。したがって，選択肢 **4** は不正解です。さらに，勤務時間の欄には ab 20 Stunden / Woche（週 20 時間から）との但し書きがあり，週に最低でも 20 時間の勤務が求められていることがわかります。したがって，選択肢 **5** は正解です。[正解率 72.86%] 年齢の欄には，ab 18 Jahren（18 歳以上）という具体的な年齢

に加えて，Studentinnen und Studenten willkommen! (女子／男子大学生歓迎！) と記されています。したがって，選択肢 **6** は不正解です。給料の欄にある 9,50 Euro / Stunde は，1 時間につき 9 ユーロ 50 セントという意味です。したがって，選択肢 **7** は正解です。［正解率 91.98%］連絡先の欄には TEL という表記があり，電話での問い合わせが可能であることがわかります。ただし，電話番号の横に nur vormittags (午前中のみ) と併記されています。したがって，選択肢 **8** は不正解です。

◇この問題は 9 点満点 (配点 3 点×3) で，平均点は 7.77 点でした。

8 ここがポイント！
* すべての情報がわかるわけでない場合も，知っている語句や表記を手がかりにして，要点を捉えよう！
* 日付や時刻，価格などに関する語彙を幅広く身につけよう！
* ドイツ語圏の文化や生活に関する知識も必要に応じて援用しよう！

【聞き取り試験】

第1部 短い文章の聞き取りと数字・単語の書き取り

[正解] (1) 2　　(2) 1　　(3) 4　　(4) 5　　(5) lerne

放送された短いテキストを聞き取り，その内容を表すのに最も適した絵を選ぶ問題，および，放送されたテキストに含まれる数詞や単語を聞き取る問題です。問題 (1) から (3) まではキーワードを，問題 (4) では数詞を，(5) では動詞を聞き取ることが求められます。

[放送]　問題 1: Ich nehme die Hose. Ich finde sie schön.
　内容:　私はそのズボンにします。私はそれがすてきだと思います。

　動詞 nehmen は「～を選ぶ，買う」という意味です。放送されたテキストでは「私はそのズボン (Hose) にします」と言っています。したがって，正解は選択肢 2 です。なお，選択肢 1 の「ジャケット」は Jacke，選択肢 3 の「ネクタイ」は Krawatte，選択肢 4 の「ワンピース」は Kleid といいます。また，動詞 finden は「～を見つける」を意味するだけでなく，様態を表わす語句とともに用いられると「～が～だと思う」を意味します。[正解率 56.40%]

[放送]　問題 2: Max kauft einen Kuchen für seine Freundin.
　内容:　マックスは，彼の恋人のためにケーキを買います。

　マックスが恋人のために買う品物を選ぶ問題です。テキストでは Kuchen (ケーキ) と言っています。したがって，正解は選択肢 1 です。なお，選択肢 2 の「花」は Blume，選択肢 3 の「本」は Buch，選択肢 4 の「指輪」は Ring といいます。[正解率 81.15%]

[放送]　問題 3: Heute habe ich Zeit. Ich sehe ein Tennisspiel im Fernsehen.
　内容:　今日，私は時間があります。私はテレビでテニスの試合を見ます。

　この問題では「テニスの試合」(Tennisspiel)，「テレビで」(im Fernsehen) という語句を聞き取り，場面を正しく理解することが重要です。正解は，テレビを観ている姿が描かれている選択肢 4 です。Tennisspiel は，Tennis (テニス) と Spiel (試合) からなる複合名詞です。なお，選択肢 1 の「フルートを弾く」は Flöte spielen，選択肢 2 の「サッカーをする」は Fußball spielen，選択肢 3 の

「授業を受ける」は Unterricht nehmen といいます。[正解率 98.59%]

放送　問題 4:　Im Supermarkt kaufe ich fünf Äpfel.
　内容:　私はスーパーマーケットでリンゴを 5 個買います。

　数詞 fünf (5) を聞き取ることが求められます。正解は **5** です。「解答の手引き」には Im Supermarkt kaufe ich □ Äpfel. と記載されています。空欄の直後が複数形の名詞 Äpfel (リンゴ) であるということも，解答を導き出す上で部分的な手がかりになるでしょう。なお，文頭の前置詞句 im Supermarkt は「スーパーマーケットで」という意味の場所表現です。[正解率 93.95%]

放送　問題 5:　Jeden Tag lerne ich Deutsch.
　内容:　私は毎日ドイツ語を勉強します。

　動詞を聞き取る問題です。正解は動詞 lernen (勉強する) の変化形 **lerne** です。「解答の手引き」には Jeden Tag ＿＿＿ ich Deutsch. と記載されています。主語が ich であることから，動詞の変化形は語尾 -e で終わるものと予想されます。また，文末の Deutsch (ドイツ語) と意味的に結びつきそうな動詞を思い浮かべることも，解答の手助けになるでしょう。なお，jeden Tag は「毎日」という意味の時間表現です。[正解率 67.23%]

◇この問題は 16 点満点 (問題 1 から問題 4 まで配点 3 点×4，問題 5 のみ 4 点) で，平均点は 12.59 点でした。

第1部 ここがポイント！
* ＊キーワードや数詞，単語を正確に聞き取ろう！
* ＊絵や文字などの視覚情報は，聞き取りの手助けになるため，積極的に活用しよう！
* ＊Deutsch lernen や Tennis spielen など，よく使われる名詞と動詞の組み合わせを覚えよう！

第2部 テキストの重要情報の聞き取り

正解　(6) 2　(7) 2　(8) 3

　放送されるドイツ語のテキストを聞き，その内容に関する質問の答えを選ぶ問題です。質問もドイツ語で放送されます。

Karl wohnt in Bonn. Er hat am Samstag Geburtstag und macht eine Party. Zur Party kommt auch seine Mutter. Sie wohnt in Bremen. Sie schenkt ihm ein Buch.

内容：

カールはボンに住んでいます。彼は土曜日に誕生日を迎え，パーティーをします。パーティーには彼の母親も来ます。彼女はブレーメンに住んでいます。彼女は彼に 1 冊の本を贈ります。

問題 **6**：　Wo wohnt Karl?

　質問は「カールはどこに住んでいますか?」という意味です。テキストの冒頭で，カールはボン（Bonn）に住んでいる，と述べられています。したがって，正解は選択肢 **2** の In Bonn. です。なお，選択肢 **1** の In Berlin. は「ベルリンに」，選択肢 **3** の In Bremen. は「ブレーメンに」という意味です。テキストにはブレーメン（Bremen）という地名も出てきますが，ブレーメンに住んでいるのはカールの母親です。［正解率 90.72%］

問題 **7**：　Wann hat Karl Geburtstag?

　質問は「カールはいつ誕生日を迎えますか?」という意味です。テキストでは，カールが土曜日（Samstag）に誕生日を迎える，と述べられています。したがって，正解は選択肢 **2** の Am Samstag. です。なお，選択肢 **1** の Am Freitag. は「金曜日に」，選択肢 **3** の Am Sonntag. は「日曜日に」という意味です。Samstag（土曜日）と Sonntag（日曜日）との発音やつづりの違いに注意しましょう。［正解率 87.90%］

問題 **8**：　Was schenkt die Mutter Karl?

　質問は「母親はカールに何を贈りますか?」という意味です。テキストの最後では，彼女が（sie）彼に（ihm）1 冊の本を（ein Buch）贈る，と述べられています。したがって，正解は選択肢 **3** の Ein Buch. です。人称代名詞 sie が seine Mutter（彼の母親）を，人称代名詞 ihm が Karl（カール）を，それぞれ指していることに注意しましょう。なお，選択肢 **1** の Ein Auto. は「1 台の自動車（を）」，選択肢 **2** の Einen Ball. は「1 個のボール（を）」という意味です。［正解率 97.33%］

◇この問題は 9 点満点（配点 3 点×3）で，平均点は 8.28 点でした。

第2部 ここがポイント！

＊地名や曜日名など，生活に身近な語彙を聞き取れるようにしよう！
＊人称代名詞が誰／何を指しているのかに注意しよう！

第3部 会話の場面理解

[正 解] (9) 2 (10) 1 (11) 3

　放送された三つの短い会話を聞き，それぞれの会話の状況を把握する問題です。聞き取りの際には，キーワードを的確に理解し，全体としてどのようなことが述べられているのかを大まかに掴むことが重要です。

[放 送] 問題 9

A: Was nimmst du?

B: Ich nehme einen Obstkuchen und einen Kaffee. Und du?

A: Ich möchte einen Tee.

内容:

A: 何にする？

B: フルーツケーキとコーヒーにするよ。きみは？

A: 紅茶がほしいな。

　A の男性の「何にする？」（Was nimmst du?）という表現は，聞き手が何を選ぶか尋ねるときに用いられます。Obstkuchen（フルーツケーキ），Kaffee（コーヒー），Tee（紅茶）という語が使われていることから，カフェで何を注文するかが話題にされているものと予想できます。正解は選択肢 **2** です。［正解率 100%］

[放 送] 問題 10

A: Ich habe eine Tochter. Sie arbeitet bei einer Firma.

B: Was ist sie von Beruf?

A: Sie ist Ingenieurin.

内容:

A: 私には娘が 1 人います。彼女は会社で働いています。

B: 彼女の職業は何ですか？

A: エンジニアです。

　A の女性が「私には娘が 1 人います」（Ich habe eine Tochter.）と言ってい

ます。また，Firma（会社），Beruf（職業），Ingenieurin（エンジニア）という語が使われていることから，女性の娘の職業が話題とされていることがわかります。正解は選択肢 **1** です。［正解率 100%］

放送　問題 **11**

A: Was trägst du auf der Party? Ich habe noch keine Idee.

B: Ich auch nicht. Gehen wir heute ins Kaufhaus!

A: Ja, gern! Ich möchte ein Kleid kaufen.

内容：

A: きみはパーティーに何を着ていく？　私は，まだ思いつかないの。

B: 僕もだよ。今日，デパートに行こう！

A: うん，いいよ！　私はワンピースが買いたいな。

　動詞 tragen（〜を身につけている）の変化形 trägst，Party（パーティー），Kleid（ワンピース）という語が使われていることから，パーティーで着る服が話題にされていることがわかります。正解は選択肢 **3** です。なお，Gehen wir...! は「〜しよう！」という意味の勧誘表現です。［正解率 100%］

◇この問題は 9 点満点（配点 3 点×3）です。

第3部 ここがポイント！

＊会話の中で重要な語句を聞き取ろう！

＊すべての内容がわからない場合も，聞き取れる語句を手がかりにテーマを推測しよう！

＊語彙力をつけ，聞き取り能力の向上につなげよう！

4 級

4級 (Anfängerstufe)
検定基準

■基礎的なドイツ語を理解し，初歩的な文法規則を
使って日常生活に必要な表現や文が運用できる。

■家族，学校，職業，買い物など身近な話題に関する
会話ができる。
簡単な手紙や短い文章の内容が理解できる。
比較的簡単な文章の内容を聞き，質問に答え，重要
な語句や数字を書き取ることができる。

■対象は，ドイツ語の授業を約60時間（90分授業で
40回）以上受講しているか，これと同じ程度の学習
経験のある人。

2019 年度 夏期 ドイツ語技能検定試験

4 級

筆記試験　問題

（試験時間　60 分）

> 出題は新しい正書法（単語のつづり方などに関する規則）に従います。解答は新旧いずれの方式でも認めます。

――― 注　　意 ―――

■受験票と机の上の受験番号が同じであることを確認してください。

■携帯電話，スマートフォン，スマートウォッチ等の電子機器類は電源を切り，カバン等にしまってください。机の上に置いてはいけません。

■中途退場は認めません。退場は試験放棄となります。

① 問題冊子は試験開始の合図があるまで，開いてはいけません。

② 問題冊子は表紙・裏表紙を含めて 8 ページあります。

余白は下書き・メモ用に使ってかまいません。

③ 試験監督者の指示に従って，解答用紙の所定の欄に，受験番号・氏名を記入してください。

④ 解答は黒の HB の鉛筆で強めに記入してください。

書き直す場合には，消しゴムできれいに消してから記入してください。

⑤ **解答はすべて解答用紙の指定された箇所に記入してください。**

⑥ 記入する数字は，下記の見本に従って書いてください。

■試験が終わっても，指示があるまで席を立たないでください。

■解答用紙は持ち帰ってはいけません。

■この問題冊子の無断転載，無断複製を禁じます。

1

次の (1) ～ (4) の条件にあてはまるものが各組に一つあります。それを下の **1** ～ **4** から選び，その番号を解答欄に記入しなさい。

(1) 下線部の発音が他と異なる。
   1 Gebur<u>t</u>stag　　2 je<u>tz</u>t　　　　3 Wir<u>t</u>schaft　　4 <u>Z</u>eitschrift

(2) 下線部にアクセント（強勢）がある。
   1 M<u>a</u>schine　　2 P<u>a</u>pier　　　3 Schokol<u>a</u>de　　4 Sof<u>a</u>

(3) 下線部が短く発音される。
   1 Anz<u>u</u>g　　　2 Fl<u>u</u>gzeug　　3 L<u>u</u>st　　　　4 F<u>u</u>ß

(4) 問い **A** に対する答え **B** の下線の語のうち，通常最も強調して発音される。
   A: Wem schenkst du diese Blumen, vielleicht deiner Mutter?
   B: Nein. Ich <u>schenke</u> <u>sie</u> <u>meinem</u> <u>Vater</u>.

   1 schenke　　　2 sie　　　　3 meinem　　　4 Vater

2

次の (1) ～ (4) の文で（　　）の中に入れるのに最も適切なものを下の **1** ～ **4** から選び，その番号を解答欄に記入しなさい。

(1) Mein Bruder (　　) gern Filme.
   1 sehe　　　2 sehen　　　3 siehst　　　4 sieht

(2) (　　) ich das Fenster öffnen?
   1 Soll　　　2 Sollen　　　3 Sollst　　　4 Sollt

(3) Peter, (　　) bitte schnell deine Hausaufgaben!
   1 mach　　　2 machen　　　3 machst　　　4 macht

(4) Schau mal, mein Hund (　　) vor dem Haus auf mich.
   1 warte　　　2 warten　　　3 wartest　　　4 wartet

3 次の (1) 〜 (4) の文において（　　）の中に入れるのに最も適切なものを，下の **1** 〜 **4** から選び，その番号を解答欄に記入しなさい。

(1) Wie gefällt Ihnen (　　) Mantel? – Ich finde ihn zu bunt.
   1 diesem　　　**2** diesen　　　**3** dieser　　　**4** dieses

(2) (　　) schreibst du eine E-Mail?
   1 Wer　　　**2** Wessen　　　**3** Wem　　　**4** Wen

(3) Ist das dein Stift? – Nein, das ist der Stift (　　) Lehrerin.
   1 mein　　　**2** meine　　　**3** meiner　　　**4** meines

(4) Laura zeigt (　　) Kindern ein Foto.
   1 ihrem　　　**2** ihren　　　**3** ihrer　　　**4** ihres

4 次の文に（　　）内の語を挿入して文を完成する場合，最も適切な箇所はどこですか。 `1` 〜 `4` から選び，その番号を解答欄に記入しなさい。ただし，文頭の語でも，小文字で表記している場合があります。

(1) （es）
   Schenkst `1` du `2` deiner Mutter `3` zum Geburtstag `4` ?

(2) （essen）
   Darf `1` ich `2` vor dem Abendessen `3` ein Eis `4` ?

(3) （am）
   Bringen Sie `1` dieses Buch `2` bitte `3` Montag `4` in die Bibliothek!

(4) （kein）
   Jetzt bin ich wieder gesund. `1` ich `2` habe `3` Fieber `4` mehr.

5

次の (1) ～ (4) の文で (　　) の中に入れるのに最も適切なものを下の **1** ～ **4** から選び，その番号を解答欄に記入しなさい。

(1)　(　　) zwei Jahren lerne ich Deutsch.
　　1 Bei　　　　**2** Für　　　　**3** Seit　　　　**4** Trotz

(2)　(　　) dem Rathaus spielt ein Musiker Geige.
　　1 Mit　　　　**2** Nach　　　　**3** Vor　　　　**4** Zu

(3)　Morgen Abend haben wir eine Party. Hast du (　　), zu kommen?
　　1 Freude　　　**2** Hunger　　　**3** Lust　　　**4** Meinung

(4)　Zuerst frühstücke ich zu Hause, (　　) gehe ich zur Uni.
　　1 aber　　　　**2** dann　　　　**3** denn　　　　**4** und

6

次の (1) ～ (4) の会話が完成するように，(　　) の中に入れるのに最も適切なものを下の **1** ～ **4** から選び，その番号を解答欄に記入しなさい。

(1)　**A**: Wie viel kostet das?
　　B: (　　).
　　　1 3 Euro　　　　　　　**2** 2 Kilo
　　　3 5 Meter　　　　　　**4** 10 Minuten

(2)　**A**: (　　) zum Geburtstag!
　　B: Danke schön.
　　　1 Alles Gute　　　　　**2** Freut mich
　　　3 Ich wünsche　　　　**4** Vielen Dank

(3)　**A**: Wie kommst du zur Schule?
　　B: (　　).
　　　1 Danke, es geht　　　**2** Das macht Spaß
　　　3 Mit dem Bus　　　　**4** Sehr groß

(4)　**A**: (　　) Krawatte möchtest du kaufen?
　　B: Ich möchte diese blaue Krawatte kaufen.
　　　1 Wann　　　　　　　**2** Was
　　　3 Welche　　　　　　**4** Wie

7 以下は，リカが友人の Martina に宛てて書いた電子メールの文章です。この文章を読んで，以下の (a) ～ (e) に対応する絵を下の **1** ～ **8** より選び，その番号を解答欄に記入しなさい。

Liebe Martina,

wie geht's? In den Sommerferien fahre ich nach Deutschland. Am ersten August fliege ich von Haneda nach München. In München bleibe ich zwei Wochen bei einer Gastfamilie. In München besuche ich einen Sprachkurs an der Uni.

Danach reise ich in Deutschland. Wohnst du jetzt noch mit Hans in Hamburg? Nach Hamburg fahre ich am 20. August. In Hamburg habe ich einige Freunde aus Japan. Ich besuche sie. Da möchte ich euch auch sehen. Habt ihr vielleicht am 21. August Zeit? Können wir uns dann sehen?

Außerdem besuche ich auch Würzburg und Mannheim. In Würzburg will ich einige Weinfeste besuchen. In Mannheim gehe ich ins Theater. Habt ihr Lust und Zeit? Kommt doch bitte mit nach Mannheim! Ich warte auf deine Antwort.

Liebe Grüße

Rika

    (a) Wann fliegt Rika nach Deutschland?
    (b) Was macht Rika in München?
    (c) Was macht Rika in Würzburg?
    (d) Was besucht Rika in Mannheim?
    (e) Wann will Rika Martina und Hans in Hamburg sehen?

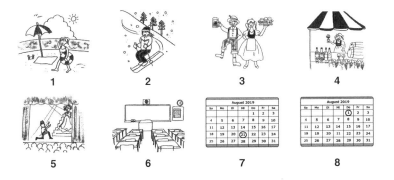

8 以下は，ドイツでドイツ語を習い始めたばかりのユカが，ホストファミリーの娘 Alexandra と話をしているところです。空欄（ **a** ）〜（ **e** ）に入れるのに最も適切なものを下の **1** 〜 **8** から選び，その番号を解答欄に記入しなさい。

Alexandra:	Yuka, möchtest du mal die Fotos von der Geburtstagsparty sehen?
Yuka:	Ja, gern! Die Party für deine Oma? (**a**)
Alexandra:	Sie ist nun 93 Jahre alt.
Yuka:	Die Frau neben deiner Oma ist sehr schön. (**b**)
Alexandra:	Das ist Tante Johanna.
Yuka:	Was ist „Tante"?
Alexandra:	Also ... (**c**) Sie wohnt in München.
Yuka:	Ach, o.k. (**d**)
Alexandra:	Sie ist Sängerin und singt auch manchmal in der Staatsoper.
Yuka:	Super! (**e**)
Alexandra:	Dann gehen wir einmal zusammen in die Staatsoper!

1 Was ist das?

2 Wer ist das?

3 Mir geht es gut.

4 Ich liebe klassische Musik.

5 Was ist sie von Beruf?

6 Sie ist die Schwester meiner Mutter.

7 Wie geht's?

8 Wie alt ist sie jetzt?

9 次の文章は Schneider さんが日曜日の過ごし方について自ら語ったものです。内容に合うものを下の **1** ～ **8** から四つ選び，その番号を解答欄に記入しなさい。ただし，番号の順序は問いません。

Am Sonntag gehe ich immer früh spazieren. Ich gehe über die Brücke, durch den Stadtpark und in die Altstadt. Dort findet man ein Café. Ich trinke dort eine Tasse Kaffee und lese Zeitungen. Danach gehe ich nach Hause und frühstücke mit meiner Frau. Am Vormittag putze ich das Wohnzimmer, die Küche und das Badezimmer. Manchmal wasche ich auch das Auto. Am Nachmittag gehe ich ins Fitnessstudio. Dort gibt es ein Schwimmbad. Ich schwimme zwar ganz langsam, aber eine Stunde. Nach dem Schwimmen dusche ich und ich gehe wieder nach Hause. Vor dem Abendessen lese ich im Wohnzimmer einen Roman, oder ich schließe die Augen und schlafe kurz auf dem Sofa. Nach dem Abendessen sehe ich gern ein Fußballspiel im Fernsehen. Aber beim Spiel der Nationalmannschaft gehe ich mit meinen Freunden in die Sportbar.

1 シュナイダーさんは朝食後に散歩をする。

2 シュナイダーさんはカフェで新聞に目を通す。

3 シュナイダーさんは午前中に車を洗うこともある。

4 シュナイダーさんの通うジムにはプールこそないが，大きな浴槽がある。

5 シュナイダーさんはゆっくり1時間泳ぐ。

6 シュナイダーさんは家でシャワーを浴びて，それからジムに行く。

7 シュナイダーさんは夕食後にサッカーの観戦にスタジアムへ出かける。

8 シュナイダーさんはサッカーのナショナルチームの試合のときは友人とスポーツバーへ出かける。

4級

2019年度 夏期 ドイツ語技能検定試験

筆記試験 解答用紙

受 験 番 号	氏 名
1 9 S	

手書き数字見本

0 1 2 3 4 5 6 7 8 9

1 (1) ☐ (2) ☐ (3) ☐ (4) ☐

2 (1) ☐ (2) ☐ (3) ☐ (4) ☐

3 (1) ☐ (2) ☐ (3) ☐ (4) ☐

4 (1) ☐ (2) ☐ (3) ☐ (4) ☐

5 (1) ☐ (2) ☐ (3) ☐ (4) ☐

6 (1) ☐ (2) ☐ (3) ☐ (4) ☐

7 (a) ☐ (b) ☐ (c) ☐ (d) ☐ (e) ☐

8 a ☐ b ☐ c ☐ d ☐ e ☐

9 ☐ ☐ ☐ ☐

A
CD 9

2019 年度 夏期 ドイツ語技能検定試験
4 級
聞き取り試験　解答の手引き

（試験時間　約 25 分）

> 出題は新しい正書法（単語のつづり方などに関する規則）に従い
> ます。解答は新旧いずれの方式でも認めます。

―――― 注　　意 ――――

■受験票と机の上の受験番号が同じであることを確認してください。
■携帯電話，スマートフォン，スマートウォッチ等の電子機器類は電源を切り，
　カバン等にしまってください。机の上に置いてはいけません。
■中途退場は認めません。

①指示があるまでページを開いてはいけません。
②聞き取り試験は 3 部から成り立っています。
③試験監督者の指示に従って，解答用紙の所定の欄に，受験番号・氏名を記入し
　てください。
④放送の指示でページを開き，解答のしかたをよく読んでください。
⑤解答は黒の HB の鉛筆で強めに記入してください。
　書き直す場合には，消しゴムできれいに消してから記入してください。
⑥**解答はすべて試験時間内に解答用紙の指定された箇所に記入してください。**
⑦記入する数字は，下記の見本に従って書いてください。

⑧アルファベットは大文字と小文字の判別ができるようにはっきりと書いてくだ
　さい。

■試験が終わっても，指示があるまで席を立たないでください。
■解答用紙は持ち帰ってはいけません。
■この問題冊子の無断転載，無断複製を禁じます。

---------- 第1部　Erster Teil ----------

1. 第1部は，問題（**1**）から（**4**）まであります。
2. 各問題において，それぞれ四つの短い会話**1**〜**4**を放送します。間隔をおいてもう一度放送します。
3. すべての会話を聞いたうえで，会話として最も自然なものを選び，その番号を<u>解答用紙の所定の欄に記入してください。</u>
4. 以下，同じ要領で問題（**4**）まで順次進みます。
5. メモは自由にとってかまいません。
6. 問題を始める前に，放送で解答のしかたを説明します。その説明の中で例を示します。

【注意】（解答は<u>解答用紙に記入してください。</u>）

（**1**）　　**1**　　　　　　**2**　　　　　　**3**　　　　　　**4**

（**2**）　　**1**　　　　　　**2**　　　　　　**3**　　　　　　**4**

（**3**）　　**1**　　　　　　**2**　　　　　　**3**　　　　　　**4**

（**4**）　　**1**　　　　　　**2**　　　　　　**3**　　　　　　**4**

---------- 第2部　Zweiter Teil ----------

1. 第2部は，問題（**5**）から（**8**）まであります。
2. まずドイツ語の会話を放送し，内容についての質問（**5**）〜（**8**）を放送します。それをもう一度放送します。
3. それを聞いたうえで，（**5**）と（**7**）には適切な一語を，（**6**）と（**8**）には算用数字を，解答用紙の所定の欄に記入してください。<u>なお，単語は大文字と小文字をはっきり区別して書いてください。</u>
4. 最後に全体を通して放送します。
5. メモは自由にとってかまいません。

（**5**）　Er ist ＿＿＿＿＿＿＿ .

（**6**）　Nächste Woche wird er ☐☐ Jahre alt.

（**7**）　Er geht heute Nachmittag ins ＿＿＿＿＿＿＿ .

（**8**）　Bis ☐☐ Uhr.

CD 12

第3部　Dritter Teil

1. 第3部は, 問題 (9) から (11) まであります。
2. まずドイツ語の短い文章または会話を二回放送します。
3. それを聞いたうえで, その文章の内容を表すのに最も適した絵をそれぞれ 1 ～ 4 から一つ選び, その番号を解答用紙の所定の欄に記入してください。
4. 以下, 同じ要領で問題 (11) まで順次進みます。
5. 最後に, 問題 (9) から (11) までのドイツ語の文章をもう一度通して放送します。そのあと, およそ1分後に試験終了のアナウンスがあります。試験監督者が解答用紙を集め終わるまで席を離れないでください。
6. メモは自由にとってかまいません。

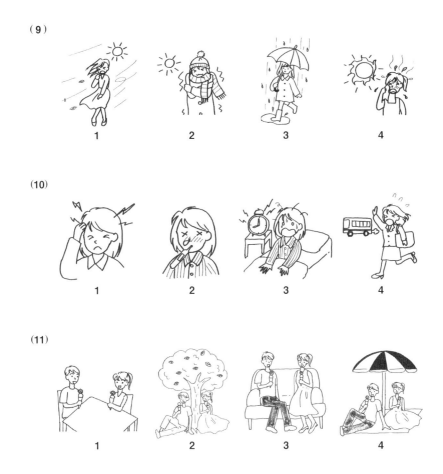

(9)

1　　　　　2　　　　　3　　　　　4

(10)

1　　　　　2　　　　　3　　　　　4

(11)

1　　　　　2　　　　　3　　　　　4

4級

2019年度 夏期 ドイツ語技能検定試験

聞き取り試験 解答用紙

受　験　番　号	氏　　　名
1 9 S	

【第1部】

例	4	(1)		(2)		(3)		(4)	

【第2部】

(5)　Er ist _____ .

採点欄

(6)　Nächste Woche wird er ☐☐ Jahre alt .

(7)　Er geht heute Nachmittag ins _____ .

採点欄

(8)　Bis ☐☐ Uhr .

【第3部】

(9)		(10)		(11)	

夏期 《4級》 ヒントと正解

【筆 記 試 験】

1 発音とアクセント

正解 （1） 3　（2） 3　（3） 3　（4） 4

　語の発音やアクセントの位置，母音の長短などに関する問題です。発音の基本的な規則を覚えておくことが重要です。

　（1）子音字の発音に関する問題です。子音字が語末や音節末などに相当する場合，また，いくつかの子音字が並び合う場合，その発音に関しては注意が必要です。選択肢の下線部の子音字は ts, tz, z です。これらは原則として［ts］と発音されますが，選択肢 3 の Wirtschaft は Wirt と -schaft からなり，それぞれに固有の発音は保持されるため，下線部は［ts］とは発音されません。Wirtschaft 全体は［virt-ʃaft］と発音されます。したがって，正解は選択肢 3 です。選択肢 1 から選択肢 4 までの語の意味は順に，「誕生日」，「いま」，「経済」，「雑誌」です。［正解率 53.52%］

　（2）語のアクセントの位置に関する問題です。ドイツ語では，語は原則として最初の音節にアクセントがあります。ただ，be-, ent-, ge- などのような非分離前つづりを持つ語の場合，その前つづりにはアクセントがありません。また，外来語などの場合には例外も多くあります。選択肢 1 から選択肢 4 までの語は外来語であり，アクセントの位置には注意が必要です。選択肢 1 では i，選択肢 2 では ie，選択肢 3 では a，選択肢 4 では o に，アクセントがあります。これらの語の中で，下線部の母音にアクセントがあるのは選択肢 3 だけです。したがって，正解は選択肢 3 です。選択肢 1 から選択肢 4 までの語の意味は順に，「機械」，「紙」，「チョコレート」，「ソファー」です。［正解率 77.66%］

　（3）母音の長短に関する問題です。外来語や複数の要素からできている複合語などの場合には例外がありますが，ドイツ語の語では，アクセントのある母音は原則として，子音字一つの前では長く発音され，子音字二つ以上の前では短く発音されます。この原則通り，選択肢 3 の u は短く発音されます。また，現在のド

イツ語の正書法では，子音字 ß の前にある母音は長母音か，heißen の ei のような二重母音に限られます。換言すれば，ß の前にある母音が短母音に相当することはありません。実際，選択肢 **4** の下線部 u は長く発音されます。選択肢 **1** ではアクセントは語頭の A にあります。また，下線部の u は長く発音されます。選択肢 **2** ではアクセントは下線部 u にあり，その後に子音字 gz が続きますが，Flugzeug は Flug と Zeug からできた複合語で，下線部の u は Flug 単独の場合と同様，長く発音されます。以上のことから，正解は選択肢 **3** です。選択肢 **1** から選択肢 **4** までの語の意味は順に，「スーツ」，「飛行機」，「気持ち，意欲」，「足」です。［正解率 55.07%］

（4）文の中で強調して発音される語を問う問題です。一般的に文中では最も重要な情報を担う要素が強調されます。**A** は「きみはこれらの花を誰にプレゼントするの，もしかしてきみのお母さんに？」と尋ねています。これに対して **B** は「いいえ，私はそれを私の父にプレゼントするのです」と答えています。**A** の質問で重要なことは **B** が花を誰にプレゼントするのか，しかも，ひょっとして **B** が自分の（**B** の）母親にプレゼントしようとしているのかどうかということです。それに対して **B** はまず冒頭で「いいえ」と答え，その後に，花を自分の父親にプレゼントするのだと述べています。したがって，「いいえ」で否定されているのは「お母さんに」という部分であり，「父に」に相当する要素が対比的に強調されます。以上のことから，選択肢 **4** が正解です。［正解率 92.55%］

◇この問題は 12 点満点（配点 3 点×4）で，平均点は 8.37 点でした。

1 ここがポイント！

＊語のアクセントの位置や母音の長短に関する原則を覚えよう！
＊前つづりを含む語や外来語の場合，発音やアクセントに関する例外が多いので注意しよう！

2 動詞と助動詞（現在人称変化形，命令形）

正解 （1） **4** （2） **1** （3） **1** （4）**4**

動詞と話法の助動詞の現在人称変化形，命令形の作り方を問う問題です。

（1）動詞 sehen（見る）の 3 人称単数形を問う問題です。動詞 sehen は，主語

が親称 2 人称単数 (du) と 3 人称単数 (er/sie/es) のとき，語幹の母音が e → ie と変化します。つまり，du siehst, er/sie/es sieht のように変化します。したがって，正解は選択肢 **4** です。問題文は「私の兄 (弟) は映画を見るのが好きです」という意味です。このタイプの変化をする動詞には，lesen (読む) や empfehlen (勧める) などがあります。[正解率 93.13%]

(**2**) 話法の助動詞 sollen の 1 人称単数形を問う問題です。sollen は，ich soll, du sollst, er/sie/es soll のように変化します。したがって，正解は選択肢 **1** です。sollen には多くの意味がありますが，Soll ich...? の形で，相手の意向を尋ねる「…しましょうか?」という意味になります。問題文は「窓を開けましょうか?」という意味です。[正解率 92.14%]

(**3**) 動詞 machen (〜をする) に関する問題です。問題文の文末には感嘆符 (!) があります。そのことから，問題文はペーター (Peter) に対する命令文であることがわかります。また，ファーストネームで呼ぶ単独の相手に対しては原則として親称 2 人称単数 (du) を用いることから，du に対する命令形を使う必要があります。したがって，正解は選択肢 **1** です。問題文は「ペーター，すぐに自分の (おまえの) 宿題をしてちょうだい!」という意味です。選択肢 **4** の macht を選んだ解答が 23.24% ありましたが，文頭の Peter は平叙文の主語ではなく，呼びかけの表現に相当します。[正解率 58.27%]

(**4**) 動詞 warten (待つ) の 3 人称単数形を問う問題です。語幹が t で終わる動詞は，主語が親称 2 人称単数 (du)，3 人称単数 (er/sie/es)，親称 2 人称複数 (ihr) の場合，口調を整えるため語幹の直後に母音 e を補って du wartest, er/sie/es wartet, ihr wartet のように変化します。したがって，正解は選択肢 **4** です。問題文は「見てごらん，私の犬が家の前で私を待っているよ」という意味です。warten のように，口調上の e を入れるタイプの動詞には，arbeiten (働く) や finden (見つける) などがあります。[正解率 88.95%]

◇この問題は 12 点満点 (配点 3 点×4) で，平均点は 9.98 点でした。

2 ここがポイント！

＊語幹の母音が変化する不規則変化動詞や口調を整えるために語幹の直後に母音 e を補う場合がある動詞に注意しよう！
＊命令文では，動詞を主語に合わせた適切な形に変化させよう！

③ 冠詞類と代名詞

正解 (1) **3** (2) **3** (3) **3** (4) **2**

冠詞類と代名詞を性・数・格に応じて適切に変化させることができるかどうかを問う問題です。名詞や代名詞は，文中でどのような働きをするのかによって格変化します。格ごとの変化形を覚えるとともに，名詞と動詞や前置詞との関係にも注意してください。

(1) 定冠詞類 dies- の適切な変化形を問う問題です。問題文全体は「このコートはどうですか（あなたはこのコートがお気に召しますか）？——私はそれをカラフル過ぎると思います」という意味です。動詞 gefallen（〜が…の気に入る）は主語の他に 3 格目的語をとる動詞です。また応答文で finden「〜を…と思う」の 4 格目的語として，男性名詞を受ける人称代名詞 ihn が使われているので，Mantel が男性名詞だとわかります。したがって空欄には dies- の男性 1 格形 dieser が入ります。正解は選択肢 **3** です。応答文で ihn が使われていたためか，選択肢 **2** を選んだ解答が 40.43% ありましたが，質問文では，Mantel は主語にあたることに注意しましょう。［正解率 27.09%］

(2) 疑問代名詞 wer の適切な変化形を選択する問題です。問題文は「きみは誰に電子メールを書くの？」という意味であると予想されます。主語 du があることから，eine E-Mail は 4 格目的語であること，さらに，文頭に入れる疑問詞は電子メールの受信者にあたることがわかります。したがって，空欄には wer の 3 格形である wem が入ります。正解は選択肢 **3** です。［正解率 66.53%］

(3) 所有冠詞 mein の適切な変化形を問う問題です。問題文全体は「これはきみの鉛筆ですか？——いえ，これは私の先生の鉛筆です」という意味であると予想されます。所有関係を表す 2 格の名詞句は，後ろから前の名詞にかかり「〜の…」を意味します。問題文の場合，「私の先生（女性）の鉛筆」という意味になるよう，空欄には所有冠詞 mein の女性 2 格である meiner が入ります。したがって，正解は選択肢 **3** です。［正解率 68.09%］

(4) 所有冠詞 ihr の適切な変化形を問う問題です。問題文は「ラオラは彼女の子どもたちに写真を見せる」という意味であると予想されます。zeigen は「…に〜を見せる」という意味の動詞で，Kindern は Kind（子ども）の複数 3 格であることから，空欄に入る所有冠詞 ihr（彼女の）も複数 3 格の ihren に変化させる

必要があります。正解は選択肢 **2** です。[正解率 55.07%]

◇この問題は 12 点満点（配点 3 点×4）で，平均点は 6.51 点でした。

> **3 ここがポイント！**
> ＊疑問代名詞や冠詞類は，文中での役割に応じて適切に変化させよう！
> ＊冠詞類の変化は，定冠詞・不定冠詞の変化に準じているという点に注意しよう！

4 語順

正解 (1) **2**　(2) **4**　(3) **3**　(4) **3**

　語順に関する問題です。代名詞，話法の助動詞と組み合わせて用いる本動詞，前置詞と定冠詞の融合形，否定冠詞 kein などの位置に関する規則を理解することが重要です。

　(1) 代名詞 es の位置に関する問題です。es は 1 格もしくは 4 格の代名詞であり，問題文には 1 格の代名詞 du があることから，挿入すべき es は 4 格であることがわかります。また，1 格の代名詞は，定動詞より後に置かれる要素のうちで必ず先頭に置かれます。したがって，問題文において es が占める位置は du よりも後ろに限られます。さらに注意すべきは，es と 3 格目的語の位置関係です。schenken（贈る），schicken（送る），senden（送る），geben（与える）など，3 格目的語と 4 格目的語をとる動詞の場合，それぞれの目的語が名詞であるか代名詞であるかによって位置関係が変わります。3 格目的語と 4 格目的語のどちらも名詞の場合は，3 格→4 格の語順になります。どちらか一方が代名詞で，もう一方が名詞の場合は，格に関わりなく，代名詞を先に置きます。3 格目的語，4 格目的語がどちらも代名詞の場合は，4 格→3 格の語順になります。問題文では，4 格目的語が代名詞で，3 格目的語が名詞であるため，代名詞の es を 3 格目的語よりも前に置きます。したがって，es を入れる位置として最も適切な箇所は選択肢 **2** で，これが正解です。問題文は「きみはお母さんに，それを誕生日に贈るの？」という意味です。[正解率 62.11%]

　(2) 話法の助動詞を含んだ文における本動詞の位置に関する問題です。文頭の darf は話法の助動詞 dürfen（〜してよい）を 1 人称単数の主語 ich に一致させた

変化形です。話法の助動詞を含んだ文においては，本動詞（不定詞形）は文末に置かれます。以上のことから，正解は選択肢 **4** です。問題文は「晩ご飯の前にアイスクリームを食べていい？」という意味です。［正解率 75.53%］

(3) 曜日を表現するときに用いる前置詞表現の位置を問う問題です。挿入すべき am は前置詞 an と男性 3 格・中性 3 格の定冠詞 dem との融合形です。また，問題文には Montag（月曜日）という男性名詞がありますが，「（〜曜日）に」という副詞的な表現では曜日名の前に am を置く必要があります。したがって，正解は選択肢 **3** です。問題文は「この本を，どうか月曜日に図書館に持参してください」という意味です。なお，am を名詞以外の語の直前に置くことはできません。そのため，選択肢 **1**，選択肢 **2**，選択肢 **4** は候補から除外されます。［正解率 91.90%］

(4) 否定冠詞 kein の位置を問う問題です。否定冠詞に限らず，冠詞は原則として名詞の直前に置きます。問題文では，名詞は Fieber（熱）のみであり，その前に kein を入れるのが適切です。したがって，正解は選択肢 **3** です。kein と mehr，nicht と mehr のように，否定を表す語と mehr の組み合わせは，「もはや〜ない」という意味になります。問題文は「私はいまはまた元気になった。もう熱はない」という意味です。［正解率 84.78%］

◇この問題は 12 点満点（配点 3 点×4）で，平均点は 9.43 点でした。

---

4 ここがポイント！

＊3 格目的語と 4 格目的語がともに用いられる文では，目的語の品詞と格に注目して語順を考えよう！
＊話法の助動詞が用いられる文では，本動詞は文末に置かれることに注意しよう！

---

5 語彙

正解 **(1)** 3　**(2)** 3　**(3)** 3　**(4)** 2

語彙力を問う問題です。文中の他の語句との関係や，完成させるべき文全体の意味に注意して，適切な語を選ぶ必要があります。

(1) 空欄直後の (zwei) Jahren は，Jahr（年）の複数形 Jahre に 3 格語尾 -n を

足したものであることから，全体が複数3格であることがわかります。これに対し，前置詞 für は4格支配であるため，選択肢**2**は文法的に相応しくありません。注意すべきは，zwei Jahren が時間表現だということです。過去から現在に至るまで継続している状況を表現する場合，その期間は3格支配の前置詞 seit（〜前から）を用いて表すことができます。仮に空欄に選択肢**3**の seit を入れると「2年前から（現在に至るまで）私はドイツ語を学んでいます」という意味になり，文法的にも意味的にも適切な文が成立します。一方，選択肢**1**の3格支配の前置詞 bei（〜のもとで，〜の際に）を空欄に入れた場合は，意味的に自然な文は成り立ちません。選択肢**4**の trotz（〜にもかかわらず）は，一般的には2格支配であり，ドイツ南部やオーストリアなどでは3格支配の場合もありますが，仮に空欄に入れた場合，やはり意味的に自然な文は成り立ちません。したがって，選択肢**3**が正解です。なお，選択肢**2**を選んだ解答が34.70%ありました。［正解率54.17%］

（2）空欄の直後には3格名詞 dem Rathaus が置かれています。また，四つの選択肢はすべて3格支配の前置詞であり，文法的にはいずれも空欄に適します。したがって，それぞれの前置詞の意味をよく考えて，正解を導き出す必要があります。問題文では，前置詞句と，その後の「1人の音楽家がバイオリンを演奏している」という部分との意味関係が問われています。選択肢**1**の mit（〜と一緒に，〜を使って）を選んだ解答が31.83%ありましたが，mit は同伴者や手段を表現するときに用いられる前置詞であり，意味的に自然な文を成り立たせることができません。選択肢**2**の nach（〜の後に，〜へ）および選択肢**4**の zu（〜へ）は時間的な関係や方向を示す前置詞であり，やはり意味的に不適切です。選択肢**3**の vor は，3格（〜の前で）および4格（〜の前へ）と，2通りの格を支配することができます。vor dem Rathaus は「市役所の前で」という意味になり，前置詞句が表す場所とバイオリンを弾く状況を適切に結びつけることができます。したがって，選択肢**3**が正解です。問題文は「市役所の前で1人の音楽家がバイオリンを弾いている」という意味です。［正解率37.40%］

（3）問題文では空欄直後のコンマに zu 不定詞が続いています。この zu 不定詞は，空欄に入れるべき名詞を修飾する役割を果たします。選択肢**1**の Freude（喜び）を選んだ場合，喜びの有無に関する問いと，直前の文が表す内容との間にいかなる意味関係が成り立つのかが明らかではありません。また，選択肢**2**の Hunger（空腹）や選択肢**4**の Meinung（意見）も意味的に適切に結びつかないので不正解です。選択肢**3**の Lust（気持ち，意欲）と zu 不定詞を組み合わせると，「〜する気」という意味になり，問題文は「明日の晩，私たちはパーティーを行い

ます。きみには来る気はありますか？」という意味になります。したがって，選択肢 **3** が正解です。なお，Lust の代わりに Zeit（時間）と zu 不定詞を組み合わせると，「〜する時間」という意味の表現を作ることができます。[正解率 59.17%]

（4）問題文全体は，コンマを境として，二つの文から成り立っています。後半の文は空欄直後に動詞 gehen（行く）の 1 人称単数形 gehe が続き，その後に主語 ich が置かれています。このことから，空欄はそれに続く語句を含めた文全体の文頭にあたることがわかります。選択肢 **1** の aber（しかし），選択肢 **3** の denn（というのも），選択肢 **4** の und（そして）はいずれも独立した文と文をつなぎ合わせる並列接続詞であり，単独の文の文頭を占めることはできません。したがって，これらの選択肢は不正解です。一方，選択肢 **2** の dann（それから）は副詞であり，単独の文の文頭を占めることが可能です。以上のことから，選択肢 **2** が正解です。問題文は「私はまず自宅で朝食をとり，それから大学に行きます」という意味です。なお，選択肢 **3** を選んだ解答が 23.73%，選択肢 **4** を選んだ解答が 22.26% ありました。選択肢 **3** の接続詞 denn については，副詞の dann と形が似ているため，注意が必要です。[正解率 37.40%]

◇この問題は 12 点満点（配点 3 点×4）で，平均点は 5.64 点でした。

5 ここがポイント！

＊denn と dann のように，働きが類似している語でも，品詞や他の語句との位置関係が異なる場合があるので注意しよう！
＊Lust / Zeit＋zu 不定詞のように，名詞を修飾する zu 不定詞の用法を使いこなせるようにしよう！

6 会話表現

正解 （1）**1** （2）**1** （3）**3** （4）**3**

空欄に適切な表現を入れることにより，短い会話を完成させる問題です。文法的な知識に加えて，日常的な場面でよく用いられる慣用表現の知識も求められます。

（1）**A** の Wie viel kostet das?（これはいくらですか？）に対する適切な応答を選ぶ問題です。wie viel は数量を尋ねる表現で，動詞 kosten（値段が〜である）

と組み合わせた場合には，値段を尋ねる表現になります。選択肢 **1** は「3ユーロ」，選択肢 **2** は「2キログラム」，選択肢 **3** は「5メートル」，選択肢 **4** は「10分」という意味です。値段が問われていることから，正解は選択肢 **1** です。[正解率95.09%]

（2） **A** の発言に Geburtstag（誕生日）が含まれていること，**A** の発言に対して **B** がお礼を述べていることから，**A** は **B** に対して誕生日を祝う表現を使っているものと予想されます。したがって，「誕生日おめでとう！」という意味の表現が成り立つよう，空欄に適切な語句を補う必要があります。誕生日を祝う表現には，Herzlichen Glückwunsch zum Geburtstag! がありますが，この他に Alles Gute を使った Alles Gute zum Geburtstag! もあります。正解は選択肢 **1** です。選択肢 **2** は，初対面の相手に対して使用する表現であり，「はじめまして，よろしく」という意味です。選択肢 **3** を選んだ解答が 17.10% ありましたが，動詞 wünschen（～に…を願う）は，Ich wünsche dir gute Besserung.（元気になってね［私はきみによい快復を願う］）のように 3 格・4 格の目的語が必要であり，ich wünsche と前置詞句だけでは文は成り立ちません。また選択肢 **4** は「ありがとう」という意味の表現であり，感謝の意が向けられる事柄は前置詞 für で表される一方，zum Geburtstag とは意味的に整合していないため，空欄には適しません。[正解率61.13%]

（3） **A** の質問「きみはどうやって学校に来るの？」に相応しい応答を選ぶ問題です。学校に通う手段を尋ねているため，選択肢 **3** の「バスを使って」が適切です。したがって，正解は選択肢 **3** です。選択肢 **1**「ありがとう，（調子は）まあまあです」は Wie geht's?（元気ですか）などの質問に対する応答表現であり，空欄には適しません。また，選択肢 **2** は「それは楽しい」，選択肢 **4** は「とても大きい」という意味であり，いずれも **A** の質問に対する応答としては不適切です。[正解率96.32%]

（4） 応答 **B**「私はこの青いネクタイを買いたい」に相応しい疑問文を完成させる問題です。選択肢 **1** の wann は「いつ」，選択肢 **2** の was は「何が，何を」，選択肢 **3** の welche は「どの」，選択肢 **4** の wie は「どのように」という意味です。このうち，空欄の直後の Krawatte との組み合わせで文頭を占める単独の句を成り立たせることができるのは，welche だけであることから，選択肢 **3** が正解です。問題文は「どのネクタイをきみは買いたいの？」という意味です。[正解率73.24%]

◇この問題は 12 点満点（配点 3 点×4）で，平均点は 9.77 点でした。

┏━━┓
　6 **ここがポイント！**
　＊疑問詞 welch- や wie の意味と用法を正しく身につけよう！
　＊挨拶や買い物・旅行の場面など，生活上必要なさまざまな表現を使いこな
　　せるようにしよう！
┗━━┛

7 テキストの要点の理解（イラスト選択）

正解　(a) 8　　(b) 6　　(c) 4　　(d) 5　　(e) 7

　友人に宛てて書かれた，夏休みのドイツ滞在に関する電子メールの文面を読ん
で，内容と一致する絵を選ぶ問題です。

内容:
親愛なるマルティーナ

お元気ですか？ 夏休みに私はドイツに行きます。8 月 1 日に羽田から飛行機で
ミュンヘンに行きます。ミュンヘンではホストファミリーのところに 2 週間滞
在します。ミュンヘンでは大学の語学コースに通います。
　そのあとはドイツ旅行をします。いま，きみはまだハンスとハンブルクに住
んでいるのかしら？ 私はハンブルクには 8 月 20 日に行きます。ハンブルクに
は日本から来ている友人が何人かいます。私は彼らのところを訪ねます。そこ
できみたちにも会いたいと思っています。ひょっとして 8 月 21 日は時間があ
る？ その場合，会えるかな？
　私は，他にはヴュルツブルクとマンハイムも訪れます。ヴュルツブルクでは
いくつかのワイン祭りを訪ねてみるつもりです。マンハイムでは観劇に行きま
す。きみたちには見たい気持ちと時間はある？ マンハイムにぜひ一緒に行きま
しょうよ！ お返事お待ちしています。

心からの挨拶を

リカ

【語彙】 einen Sprachkurs besuchen: 語学コースに通う　noch: まだ　ins
Theater gehen: 観劇に行く　Lust: 気持ち，意欲

　親しい相手に対する手紙や電子メールでの書き出しは，liebe＋女性／lieber＋男性のように，相手が女性か男性かで形を使い分けます。am ersten August（8月1日に）の am は前置詞 an と定冠詞 dem の融合形です。月名はすべて男性名詞です。また，日付は erst のような序数で表現します。序数は形容詞と同様に格変化します。am の直後に置かれる場合，男性3格の形容詞弱変化語尾（-en）を付けます。この電子メールでは，danach（それから，そのあと），außerdem（その他に）といった副詞が用いられていますが，比較的長いテキストを読む場合には，話の流れに関わるこのような副詞や und，aber などの接続詞に着目することが，正確な内容理解にとって不可欠です。

　(**a**) は「リカはいつドイツに飛行機で行きますか？」という意味です。テキスト第1段落第3文で，出発日は8月1日だと書かれているので，二つあるカレンダーのうち8月1日に丸が付いている，選択肢 **8** が正解です。［正解率 81.59%］

　(**b**) は「リカはミュンヘンで何をしますか？」という意味です。第1段落最後の文で，リカは「大学の語学コースに通います」と書いているので，教室が描かれている，選択肢 **6** が正解です。［正解率 83.55%］

　(**c**) は「リカはヴュルツブルクで何をしますか？」という意味です。第3段落第2文で，「ヴュルツブルクではいくつかのワイン祭りを訪ねてみるつもりです」と書いてあります。したがって，テントの下でワインを販売する様子が描かれている，選択肢 **4** が正解です。［正解率 92.72%］

　(**d**) は「リカはマンハイムで何を訪ねますか？」という意味です。第3段落第3文で，マンハイムでは「観劇に行きます」と書かれているので，演劇を上演する様子が描かれている，選択肢 **5** が正解です。［正解率 96.73%］

　(**e**) は「リカは，いつハンブルクでマルティーナとハンスに会おうとしていますか？」という意味です。第2段落最後の2文には，「ひょっとして8月21日は時間がある？　その場合，会えるかな？」と書かれているので，二つあるカレンダーのうち8月21日に丸が付いている，選択肢 **7** が正解です。［正解率 93.29%］

◇この問題は15点満点（配点3点×5）で，平均点は13.44点でした。

8 会話文理解

正解 (a) 8　　(b) 2　　(c) 6　　(d) 5　　(e) 4

　文脈的に適切な表現を空欄に入れることにより，会話文を完成させる問題です。
選択肢に挙がっている各表現の意味を正しく理解することに加え，空欄に入れる
べき表現とその前後の文との意味的なつながりや会話全体の流れを確認すること
が重要です。テキストは，ドイツでドイツ語を習い始めたばかりのユカが，ホス
トファミリーの娘アレクサンドラとかわしている会話です。

アレクサンドラ：ユカ，誕生日パーティーの写真を見てみたい？
ユカ：　　　　　ええ，ぜひ！　おばあさんのパーティー？ (**a**)
アレクサンドラ：彼女はいま 93 歳よ。
ユカ：　　　　　おばあさんの隣の女の人，とてもきれいね。(**b**)
アレクサンドラ：これはおばのヨハンナよ。
ユカ：　　　　　「おば」って何？
アレクサンドラ：ええとね… (**c**) 彼女はミュンヘンに住んでいるの。
ユカ：　　　　　ああ，なるほど。(**d**)
アレクサンドラ：彼女は歌手で，時々，州立オペラ劇場でも歌うわ。
ユカ：　　　　　素敵！ (**e**)
アレクサンドラ：じゃあ，いちど一緒に州立オペラ劇場に行こうよ！

1　これは何？
2　これは誰？
3　私は元気だよ。
4　私はクラシック音楽が好きだよ。
5　彼女の仕事は何？
6　彼女は，私の母の姉 (妹) だよ。
7　元気？
8　彼女はいま何歳なの？

(**a**) ユカの (**a**) の発言に対して，アレクサンドラは「彼女はいま 93 歳よ」と年齢を答えています。このことから，(**a**) に入るのは選択肢 **8** の「彼女はいま何歳なの？」であることがわかります。［正解率 95.99%］

(**b**) ユカの (**b**) という発言に対して，アレクサンドラが「これはおばのヨハンナよ」と答えていることから，(**b**) に入るのは選択 **2** の「これは誰？」であることがわかります。選択肢 **1**「これは何？」を選んだ解答が 15.38% ありましたが，was は事物を問うときに使う疑問詞です。誰であるかを尋ねる場合には wer を使います。［正解率 80.28%］

(**c**) 空欄 (**c**) に入るのは，ユカの「『おば』って何？」という疑問に対するアレクサンドラの説明であることから，選択肢 **6** の「彼女は，私の母の姉 (妹) だよ」が正解です。［正解率 95.58］

(**d**) ユカの発言 (**d**) を受けて，アレクサンドラは「彼女は歌手で，時々，州立オペラ劇場でも歌うわ」と言っているので，(**d**) は職業を尋ねる発言であるものと推測されます。したがって，選択肢 **5** の「彼女の仕事は何？」が正解です。なお，Staatsoper は「州立オペラ劇場」とも「国立オペラ劇場」とも訳されます。［正解率 85.19%］

(**e**) ユカの発言 (**e**) に対して，アレクサンドラは「じゃあ，いちど一緒に州立オペラ劇場に行こうよ！」と述べていることから，(**e**) には，選択肢 **4** の「私はクラシック音楽が好きだよ」を入れるのが最も適切であり，これが正解です。選択肢 **3** の Mir geht es gut. (私は元気だよ) を選んだ解答が 18.25% ありましたが，これは Wie geht's? (元気？) などに対する応答としては相応しい一方，(**e**) に入れるのは唐突かつ不自然です。［正解率 73.81%］

◇この問題は 15 点満点 (配点 3 点×5) で，平均点は 12.93 点でした。

8 ここがポイント！

＊自然な会話の流れが成り立つよう，個々の発言内容を的確に把握しよう！
＊ある発言とその前後の発言とのつながりに注意しよう！

9 テキストの正確な理解 (日本語文選択)

正解　**2**，**3**，**5**，**8** (順序は問いません)

まとまった分量のテキストを読み，内容を正しく理解できるかどうかを問う問題です。テキストにはam Sonntag（日曜に），früh（早い時期・時刻に），danach（その後），am Vormittag（午前中に），am Nachmittag（午後に），vor dem Abendessen（夕食前に）などの時間表現が出てきます。読解に際しては，こうした時間表現や，zwar ... , aber ...（なるほど…ではあるが，しかし…）のような相関的接続詞を用いた表現，またはnach Hause gehen（帰宅する）のような前置詞を用いた固定的な表現などの意味を正しく理解することが重要です。

　内容：
　私は，日曜日はいつも朝早く散歩をする。橋を越え，市立公園を抜け，旧市街に入る。そこには1軒のカフェがある。私はそこでコーヒーを1杯飲み，新聞を読む。そのあと家に帰り，妻と朝食をとる。午前中は居間と台所と浴室を掃除する。ときには洗車することもある。午後はフィットネスジムに通う。そこにはプールがある。私はとてもゆっくりではあるが，しかし1時間泳ぐ。水泳が終わると，私はシャワーを浴びてふたたび家に帰る。夕食前には，私は居間で小説を読むか，目を閉じて，つかの間ソファーで眠る。夕食後，私はテレビでサッカーの試合を観戦するのが好きだ。けれどもナショナルチームの試合のときは，私は友人たちと連れ立ってスポーツバーへ出かける。

　テキスト第3〜4行にあるように，シュナイダーさんは散歩のあとに妻と朝食をとっているので，選択肢1は不正解です。選択肢2は，テキスト第2〜3行の内容に合致するので，正解です。［正解率96.15%］選択肢3はテキスト第5行に書かれている内容に合致するので，正解です。［正解率92.06%］選択肢4は，テキスト第6行の「そこ（ジム）にはプールがある」と矛盾するので，不正解です。選択肢5は，テキスト第6〜7行に書かれている内容に合致するので，正解です。［正解率79.62%］選択肢6については，テキスト第7〜8行にあるように，シュナイダーさんはジムでシャワーを浴びてから家に帰っているので，不正解です。選択肢7はテキスト第10〜11行の「夕食後，私はテレビでサッカーの試合を観戦するのが好きだ」と矛盾するので，不正解です。選択肢8は，テキスト第11〜12行に書かれている内容に合致するので，正解です。［正解率98.69%］

◇この問題は12点満点（配点3点×4）で，平均点は11.00点でした。

9 ここがポイント！

＊vor や nach, danach など，時間的な前後関係を表す語に注意して，話の
　流れを正確に把握しよう！

＊わからない語がある場合は，前後の文脈からその意味を推測しよう！

【聞き取り試験】

第1部 会話表現理解（流れが自然なものを選択）

[正 解] （1） **4**　　（2） **3**　　（3） **3**　　（4） **2**

　放送された4通りの短い会話を聞き，流れが最も自然であるものを選ぶ問題です。文字や絵などの視覚情報を手がかりとすることなく，質問などの発話とそれに続く発話を正確に聞き取った上で，相互の内容的なつながりを確認する必要があります。また，そのためには，イントネーション，アクセント，個々の母音や子音の発音などに関する適切な理解も求められます。

　なお，4通りの会話において，先行する発話の部分はすべて同じです。以下では，最初にこの共通部分を，次いで後続する4通りの発話の部分を示します。

[放 送]　問題**1**:　Was macht Hanna?
選択肢:　**1**　Ja, sie ist 20 Jahre alt.
　　　　　2　Sie isst gern Sushi.
　　　　　3　Ja, es gefällt mir.
　　　　　4　Sie schläft in ihrem Zimmer.

　「ハンナは何をしているの？」という質問に対して，選択肢**1**では「ええ，彼女は20歳です」，選択肢**2**では「彼女は寿司を食べるのが好きです」，選択肢**3**では「ええ，それが私は好きです」，選択肢**4**では「彼女は自分の部屋で寝ています」と答えています。何をしているかという質問内容に最も適した応答は選択肢**4**であり，これが正解です。選択肢**3**の es gefällt mir という表現は，Gefällt es Ihnen/dir?（それはお気に召しますか？）に対する応答の表現です。選択肢**2**を選んだ解答が 23.24% ありましたが，gern（好んで）という副詞を用いて好みを伝えることは，何をしているかという質問に対する応答として適切ではありません。［正解率 68.82%］

[放 送]　問題**2**:　Wann beginnt der Deutschunterricht?
選択肢:　**1**　In der Bibliothek.
　　　　　2　Die Lehrerin heißt Frau Schneider.
　　　　　3　Um 14 Uhr.
　　　　　4　Der Unterricht dauert eine Stunde.

「ドイツ語の授業はいつ始まりますか?」という質問に対して，選択肢 **1** では「図書館の中で」，選択肢 **2** では「先生（女性）の名前はシュナイダー（さん）です」，選択肢 **3** では「14 時です」，選択肢 **4** では「授業は 1 時間続きます」と答えています。以上のうちでは，いつ始まるかという問いに対する応答として適切な，選択肢 **3** が正解です。なお，選択肢 **4** を選んだ解答が 11.37% ありましたが，開始時間を述べているわけではないため不適切です。［正解率 82.57%］

放送 問題 **3**: Schönes Wochenende!
選択肢: **1** Bitte schön!
2 Guten Appetit!
3 Danke, Ihnen auch!
4 Kein Problem!

「よい週末を!」に対して，選択肢 **1** では「どういたしまして!」，選択肢 **2** では「どうぞ召し上がれ!」，選択肢 **3** では「ありがとう，あなたもね!」，選択肢 **4** では「問題ありません（たやすいことです）!」と答えています。Schönes Wochenende! は Ich wünsche Ihnen/dir ein schönes Wochenende!（あなたによい週末を願います!）に基づく省略表現であり，聞き手によい週末が訪れるようにという話し手の祈願を表します。これに対して聞き手は，相手の祈願に対する謝意と，相手にもよい週末が訪れるようにというお返しの意を，Danke, Ihnen/dir auch! のように表すのが一般的です。したがって，正解は選択肢 **3** です。なお，選択肢 **1** を選んだ解答が 14.89% ありましたが，これは主に Danke schön!（ありがとう!）に対する応答として使う表現です。［正解率 64.16%］

放送 問題 **4**: Wie komme ich zum Bahnhof?
選択肢: **1** Nein, ich gehe zur Schule.
2 Gehen Sie geradeaus!
3 Ja, ich komme gleich.
4 Das ist wunderbar!

「駅にはどう行きますか?」という質問に対して，選択肢 **1** では「いいえ，私は学校に行きます」，選択肢 **2** では「まっすぐに行ってください!」，選択肢 **3** では「ええ，私はすぐに行きます」，選択肢 **4** では「それはすばらしい!」と応答しています。以上のうちでは，行き方を述べている，選択肢 **2** が正解です。なお，選択肢 **3** を選んだ解答が 12.52% ありましたが，wie のような疑問詞を含む疑問文に対して Ja や Nein で答えることはできないため，選択肢 **3** は不適切です。また，選択肢 **4** を選んだ解答が 14.98% ありましたが，「それはすばらしい!」と言

うだけでは，どう行くかという問いへの答えにならないため不適切です。［正解率
64.65%］

◇この問題は 12 点満点（配点 3 点×4）で，平均点は 8.41 点でした。

┌─ **第1部** **ここがポイント！** ──────────────
│ ＊疑問文については，Ja または Nein で答えられるかどうかといった点に
│　注意しよう！
│ ＊Schönes Wochenende! や Bis Montag!（また月曜にね！）など，さまざ
│　まな挨拶表現を身につけよう！
└──────────────────────────────

第2部 テキストの重要情報の聞き取りと記述

[正 解] **(5)** **Arzt** **(6)** **52** **(7)** **Kaufhaus** **(8)** **16**

放送を聞き，その内容に関する質問に単語や数字を自ら記入して答える問題で
す。質問もドイツ語で放送されます。

[放 送]

A: Hallo, Marina.

B: Hallo, Thomas. Deine neue Jacke ist sehr schön! Die gefällt mir
sehr. Wo kann man so etwas kaufen?

A: Das ist ein Geschenk von meinem Onkel. Er ist Arzt und lebt in
London. Oft schenkt er mir Kleidung. Diese Krawatte ist auch ein
Geschenk von ihm.

B: Sie passt gut zur Jacke!

A: Danke! Nächste Woche ist sein Geburtstag. Er wird 52 Jahre alt.
Ich möchte ihm auch etwas schenken.

B: Hast du schon eine Idee?

A: Ich weiß noch nicht. Heute Nachmittag gehe ich ins Kaufhaus und
suche etwas. Kannst du vielleicht mitkommen?

B: Ich habe bis 16 Uhr Unterricht. Danach habe ich Zeit. Ist das Ok?

A: Ja, natürlich! Danke! Ich rufe dich an!

内容:

A: こんにちは，マリーナ。

B: こんにちは，トーマス。きみの新しいジャケット，とてもすてき！ すごく気に入った。そういうの，どこで買えるの？

A: これは僕のおじさんからのプレゼントだよ。彼は医師で，ロンドンに住んでいるんだ。よく僕に服を贈ってくれるんだ。このネクタイも彼からのプレゼントのひとつだよ。

B: それはジャケットによく合っているね！

A: ありがとう！ 来週はおじさんの誕生日なんだ。52 歳になる。僕も彼に何か贈りたいんだ。

B: もうアイデアはあるの？

A: まだ決めていない。今日の午後，デパートに行って何か探すよ。ひょっとして一緒に来られる？

B: 16 時までは授業なの。その後なら時間があるよ。それでいい？

A: うん，もちろん！ ありがとう！ 電話するよ！

【語彙】 Krawatte: ネクタイ　mit|kommen: 一緒に来る　an|rufen: 電話をかける

放送　問題 **5**: Was ist der Onkel von Beruf?

　質問は「おじさんの職業は何ですか？」という意味です。von Beruf は「職業（に関して）は」という意味です。**A** の第 2 発言から，おじさんの職業が医師であることがわかります。解答用紙には，あらかじめ Er ist _____. と書かれているので，下線部には「医師」を意味する Arzt を記入するのが適切です。正解は **Arzt** です。解答すべき語は名詞であるので，語頭は大文字で書く必要があります。なお，Artz, Artzt などのつづり間違いが多く見られました。［正解率 42.87%］

放送　問題 **6**: Wie alt wird der Onkel nächste Woche?

　質問は「おじさんは来週何歳になりますか？」という意味です。**A** の第 3 発言では，来週がおじさんの誕生日であること，おじさんは 52 歳（zweiundfünfzig Jahre alt）になることが述べられています。2 桁の数詞については，ドイツ語では 1 桁目から表す場合があることや，und が含まれる場合があることに注意しつつ，zweiundfünfzig を正しく聞き取り，算用数字で解答しましょう。解答用紙にはあらかじめ Nächste Woche wird er □□ Jahre alt. と書かれています。したがって，正解は **52** です。［正解率 55.24%］

放送　問題 **7**: Wohin geht Thomas heute Nachmittag?

質問は「トーマスは今日の午後どこに行きますか?」という意味です。解答用紙にはあらかじめ Er geht heute Nachmittag ins _____. と書かれています。ins という表現からは，どこかの中に入るということがわかります。**A** の第4発言では，デパート (Kaufhaus) に行ってプレゼントを探すということが述べられています。したがって，正解は **Kaufhaus** です。Kaufhause というつづり間違いがとても多かった他，Kaufhous，Kaufhouse などのつづり間違いもありました。[正解率 43.89%]

放送 問題 **8**: Bis wann hat Marina Unterricht?
　質問は「何時までマリーナは授業がありますか?」という意味です。**B** の第4発言では，16時 (sechzehn Uhr) まで授業があるということが述べられています。解答用紙にはあらかじめ Bis □□ Uhr. と書いてあるので，正解は **16** です。[正解率 42.96%]

◇この問題は16点満点 (配点4点×4) で，平均点は7.40点でした。

┌─ **第2部** ここがポイント！ ─────────
│ ＊2桁以上の数詞を聞き取れるようにしよう！
│ ＊ドイツ語では名詞の語頭は大文字で書くことに注意しよう！
└──────────────────────────

第3部 短い文章／会話文の聞き取り

正解 (9) **4**　(10) **1**　(11) **2**

　放送された短いテキストを聞き，その内容を表すのに最も適した絵を「解答の手引き」から選択する問題です。正確な聞き取り能力が求められます。

放送 問題 **9**: Das Wetter heute: in Berlin scheint die Sonne den ganzen Tag. Kein Wind. Höchsttemperatur 31 Grad.
内容: 　今日の天気です。ベルリンでは一日中，日ざしがあります。風はありません。最高気温は31度です。

　Wetter (天気) という語があることから，天気予報であることが予想できます。Sonne (太陽，日)，scheinen (輝く，射し込む) の人称変化形 scheint, den ganzen Tag (一日中) という表現がある一方，雨に関する言及がないことから，雨が降っている様子が描かれた選択肢 **3** は候補から除外されます。また，kein

— 92 —

Wind（風はありません）と言っているので，風が吹き荒れている様子が描かれた選択肢 **1** も適切ではありません。Höchsttemperatur（最高気温）は，「最高の」を意味する höchst と「気温」を意味する Temperatur からなる複合語です。さらに，31 Grad（31 度）と言っているので，暑い日であることがわかります。したがって，太陽が輝くなかで汗をぬぐっている人物が描かれた，選択肢 **4** が正解です。［正解率 74.39%］

放送 問題 **10**: Es tut mir leid, Lucia. Heute kann ich dich nicht besuchen. Ich habe Kopfschmerzen.

　内容: ごめんね，ルチア。今日はきみを訪ねることができないよ。頭が痛いの。

　問題では，Kopfschmerzen（頭痛）という語を正しく聞き取ることが重要です。Ich habe Kopfschmerzen. は「頭が痛い，頭痛がする」という意味です。したがって，頭に痛みを抱えている人物が描かれた，選択肢 **1** が正解です。［正解率 79.71%］

放送 問題 **11**: **A**: Wo wollen wir das Eis essen?
　　　　　　　　　B: Da, unter dem Baum!

　内容: **A**: アイスクリームをどこで食べようか？
　　　　B: あそこ，木の下で！

　問題では 2 人の人物が登場します。**A** の問いでは，wo（どこで）という疑問詞が使われています。それに対する **B** の応答では，前置詞句 unter dem Baum（木の下）が使われています。したがって，木の下でアイスクリームを食べる 2 人の人物が描かれた，選択肢 **2** が正解です。［正解率 92.55%］

◇この問題は 9 点満点（配点 3 点×3）で，平均点は 7.41 点でした。

第3部 ここがポイント！

＊鍵となる語句を注意深く聞き取ろう！
＊前置詞句が表す空間関係を正しく理解しよう！

2019年度 冬期 ドイツ語技能検定試験

4級

筆記試験　問題

（試験時間　60分）

—— 注　意 ——

■受験票と机の上の受験番号が同じであることを確認してください。

■携帯電話，スマートフォン，スマートウォッチ等の電子機器類は電源を切り，カバン等にしまってください。机の上に置いてはいけません。

■中途退場は認めません。退場は試験放棄となります。

①問題冊子は試験開始の合図があるまで，開いてはいけません。

②問題冊子は表紙・裏表紙を含めて8ページあります。

　余白は下書き・メモ用に使ってかまいません。

③試験監督者の指示に従って，解答用紙の所定の欄に，受験番号・氏名を記入してください。

④解答は黒のHBの鉛筆で強めに記入してください。

　書き直す場合には，消しゴムできれいに消してから記入してください。

⑤**解答はすべて解答用紙の指定された箇所に記入してください。**

⑥記入する数字は，下記の見本に従って書いてください。

■試験が終わっても，指示があるまで席を立たないでください。

■解答用紙は持ち帰ってはいけません。

■この問題冊子の無断転載，無断複製を禁じます。

1

次の (1) ～ (4) の条件にあてはまるものが各組に一つずつあります。それを下の **1** ～ **4** から選び，その番号を解答欄に記入しなさい。

(1) 下線部の発音が他と異なる。

    1 gi<u>b</u>t   **2** hal<u>b</u>   **3** Her<u>b</u>st   **4** sie<u>b</u>en

(2) 下線部にアクセント（強勢）が<u>ない</u>。

    1 Erk<u>ä</u>ltung   **2** Gep<u>ä</u>ck   **3** Pr<u>ä</u>sident   **4** W<u>ä</u>sche

(3) 下線部が<u>長く</u>発音される。

    1 <u>A</u>bfahrt   **2** H<u>a</u>ltestelle   **3** Kr<u>a</u>nkheit   **4** R<u>a</u>dfahren

(4) 問い **A** に対する答え **B** の下線の語のうち，通常最も強調して発音される。

A: Treibst du gern Sport?
B: Ja, <u>ich</u> <u>spiele</u> <u>gern</u> <u>Tennis</u>.

    1 ich   **2** spiele   **3** gern   **4** Tennis

2

次の (1) ～ (4) の文で（　　）の中に入れるのに最も適切なものを，下の **1** ～ **4** から選び，その番号を解答欄に記入しなさい。

(1) Bis wann（　　）ihr in Deutschland? – Bis März.

    1 bleibe   **2** bleiben   **3** bleibst   **4** bleibt

(2) （　　）du bitte den Koffer für mich nach oben, Daniel?

    1 Tragen   **2** Trägst   **3** Tragt   **4** Trägt

(3) Maria（　　）leider keine Zeit für ihre Hobbys. Sie ist beschäftigt.

    1 finde   **2** finden   **3** findest   **4** findet

(4) Ich（　　）in Österreich Musik studieren.

    1 will   **2** willst   **3** wollen   **4** wollt

3 次の (1) ～ (4) の文において (　　) の中に入れるのに最も適切なものを，下の **1** ～ **4** から選び，その番号を解答欄に記入しなさい。

(1) Meine Oma hat schlechte Augen. Hilfst du (　　) bitte beim Lesen?
   1 ihm   **2** ihn   **3** ihr   **4** sie

(2) Das Haus (　　) Vaters ist sehr alt. Trotzdem will er nicht umziehen.
   1 mein   **2** meinem   **3** meinen   **4** meines

(3) Fliegen Sie auch am Dienstag nach Wien? Mit (　　) Flug?
   1 welche   **2** welchem   **3** welchen   **4** welches

(4) Arbeitet er in deiner Schule? – Ja, (　　) Schüler kennen ihn.
   1 alle   **2** allem   **3** allen   **4** aller

4 次の (1) ～ (4) の文に (　　) 内の語を挿入して文を完成させる場合，最も適切な箇所はどこですか。　**1** ～ **4** から選び，その番号を解答欄に記入しなさい。ただし，文頭の語でも，小文字で表記している場合があります。

(1) （mache）
   Am Wochenende [1] ich [2] normalerweise [3] einen langen Spaziergang [4] .

(2) （von）
   A: Was macht dein Vater?
   B: Er [1] ist [2] Deutschlehrer [3] Beruf [4] .

(3) （wollen）
   Katja, ich habe Hunger. [1] wir jetzt [2] Pizza [3] essen [4] gehen?

(4) （seit）
   [1] zwei Monaten [2] lernt [3] Herr Takada [4] Deutsch.

5

次の (1) 〜 (4) の文で (   ) の中に入れるのに最も適切なものを，下の 1 〜 4 から選び，その番号を解答欄に記入しなさい。

(1) Zwei Äpfel und drei Bananen, bitte! – Das (   ) zusammen 3,10 Euro.

    1 kauft   **2** macht   **3** spricht   **4** trinkt

(2) Gehen wir in die Mensa? – Ich nicht. Ich habe gar keine (   ).

    1 Katze   **2** Lust   **3** Tasche   **4** Uhr

(3) Wir müssen jetzt gehen. Es ist (   ) 17 Uhr.

    1 ganz   **2** genug   **3** schon   **4** voll

(4) Gute Nacht, Maria! – Schlaf gut, Stefan! (   ) morgen!

    1 Bis   **2** Nach   **3** Seit   **4** Vor

6

次の (1) 〜 (4) の会話が完成するように，(   ) に入れるのに最も適切なものを，下の 1 〜 4 から選び，その番号を解答欄に記入しなさい。

(1) **A**: Wie ist das Wetter jetzt?
    B: (   ).

    1 Danke, es geht ihm gut   **2** Es ist schon spät
    3 Es regnet und ist kalt   **4** Da gibt es ein Restaurant

(2) **A**: Sie haben ja so viele Bücher! Was lesen Sie gern?
    B: (   ).

    1 Jeden Tag   **2** Romane und Comics
    3 Im Schlafzimmer   **4** In der Buchhandlung

(3) **A**: Meine Mutter kommt nicht. Sie ist erkältet.
    B: Oh, das tut mir leid. Ich wünsche ihr (   ).

    1 einen guten Flug   **2** gute Besserung
    3 eine gute Reise   **4** guten Appetit

(4) **A**: (   ) fahrt ihr in den Sommerferien?
    B: Nach Italien.

    1 Wer   **2** Wie
    3 Woher   **4** Wohin

7 以下は，Jürgen の近況について書かれた文章です。この文章を読んで，以下の (a) ~ (e) に対応する絵を下の **1** ~ **8** から選び，その番号を解答欄に記入しなさい。

Seit zwei Wochen hat Jürgen ein Haus in einem Dorf. Da ist es sehr ruhig. Und der Garten gefällt ihm auch sehr gut. In der Nähe des Hauses gibt es einen Park. Dort joggt er oft, denn er ist gern draußen.

In seinem neuen Haus hat er noch viel zu tun. Für das Schlafzimmer hat er schon alle Möbel. Das Bett ist besonders bequem. Für das Wohnzimmer hat er noch nicht alles. Am Donnerstag fährt er mit dem Bus in die Stadt. Dort will er einen Tisch kaufen. Nach dem Einkauf möchte Jürgen mit seiner Freundin Maria ins Café gehen. Sie wohnt in der Stadtmitte. Zum Café fährt sie mit dem Fahrrad.

Am Samstag besucht sie Jürgen in seinem neuen Haus. Darauf freut sie sich schon.

(a) Wo wohnt Jürgen jetzt?
(b) Was macht Jürgen im Park?
(c) Was will Jürgen für das Wohnzimmer kaufen?
(d) Wie fährt Jürgen in die Stadt?
(e) Wohin möchte Jürgen am Donnerstag mit Maria gehen?

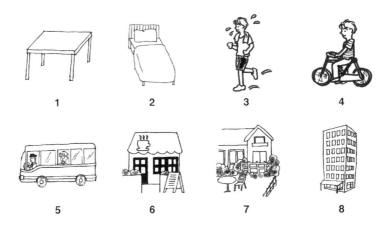

1　　　　　2　　　　　3　　　　　4

5　　　　　6　　　　　7　　　　　8

8 以下は，ケンと駅員 (Bahnpersonal) が，ドイツの駅のホームでかわしている会話です。空欄 (**a**) ～ (**e**) に入れるのに最も適切なものを，下の**1** ～ **8** から選び，その番号を解答欄に記入しなさい。

Ken:	Entschuldigung. Warum fährt der Zug nicht?
Bahnpersonal:	Meinen Sie diesen Zug?
Ken:	Genau, den Zug nach Hannover. Die Abfahrt ist um 10.20 Uhr, oder? (**a**)
Bahnpersonal:	Ja, er hat Verspätung. (**b**)
Ken:	Wirklich? Wann fährt er denn?
Bahnpersonal:	Keine Ahnung. Man muss zuerst das Signal reparieren. Das dauert normalerweise drei bis vier Stunden. Sie müssen warten.
Ken:	(**c**) Ich muss in Hannover in den Zug nach Hamburg umsteigen. Was soll ich machen?
Bahnpersonal:	Sie können auch in Berlin umsteigen. (**d**) Von Gleis 15.
Ken:	(**e**) Vielen Dank!
Bahnpersonal:	Gute Reise!

1 Das geht nicht.

2 Der Zug nach Berlin fährt in einer Viertelstunde.

3 Kann ich im Zug essen?

4 Gibt es Probleme?

5 Wie viel Uhr ist es jetzt?

6 Okay. Das mache ich.

7 Ein Signal ist kaputt.

8 Ich habe keine Fahrkarte.

9 次の文章は職業学校 (Berufsschule) で学ぶ Rebecca について書かれたものです。内容に合うものを下の **1** ～ **8** から四つ選び，その番号を解答欄に記入しなさい。ただし，番号の順序は問いません。

Rebecca ist 16 Jahre alt und lernt seit zwei Jahren Technik in der Berufsschule in Düsseldorf. In ihrer Klasse sind 15 Schüler und drei Schülerinnen. Normalerweise lernen wenige Schülerinnen Technik. Deshalb gibt es jetzt viele Programme speziell für Mädchen. „Ich finde, es soll mehr Technikerinnen geben.", sagt Rebecca. Sie möchte Automechanikerin werden. Das ist ihr Traumberuf. Sie liebt Motorräder und Autos. In ein paar Jahren kann sie den Führerschein machen. Sie möchte sofort Auto fahren. Sie wohnt jetzt bei ihren Eltern. Nach der Schule möchte sie mit ihrem Freund Paul zusammen wohnen. Paul ist auch Schüler in der Berufsschule. Er möchte als Flugzeugmechaniker am Flughafen arbeiten. Er mag auch Motorräder und Autos wie Rebecca. Wenn die beiden später arbeiten und genug Geld haben, möchten sie ein oder zwei Jahre lang mit dem Motorrad durch die Welt reisen. Indien, China, Australien und viele andere Länder möchten sie besuchen. Sie sprechen oft von der Reise.

1 レベッカのクラスには男女合わせて 18 人の生徒が在籍している。

2 レベッカは，女性の技術者が増えることには期待を持っていない。

3 レベッカはすでに車の運転免許を持っている。

4 航空整備士になるのが，レベッカの夢である。

5 レベッカは現在，両親と一緒に暮らしている。

6 パウルはすでに学校を卒業していて，空港で働いている。

7 レベッカもパウルもオートバイと自動車が好きである。

8 レベッカとパウルは，働いてお金が貯まったら世界旅行をしたいと考えている。

2019年度 冬期 ドイツ語技能検定試験

筆記試験 解答用紙

受　験　番　号	氏　　　名
1 9 W	

手書き数字見本

0 1 2 3 4 5 6 7 8 9

1 (1) □ (2) □ (3) □ (4) □

2 (1) □ (2) □ (3) □ (4) □

3 (1) □ (2) □ (3) □ (4) □

4 (1) □ (2) □ (3) □ (4) □

5 (1) □ (2) □ (3) □ (4) □

6 (1) □ (2) □ (3) □ (4) □

7 (a) □ (b) □ (c) □ (d) □ (e) □

8 a □ b □ c □ d □ e □

9 □ □ □ □

B
CD 1

2019 年度 冬期 ドイツ語技能検定試験
4 級
聞き取り試験　解答の手引き
（試験時間　約 25 分）

> 出題は新しい正書法（単語のつづり方などに関する規則）に従います。解答は新旧いずれの方式でも認めます。

―――― 注　　意 ――――

■受験票と机の上の受験番号が同じであることを確認してください。
■携帯電話，スマートフォン，スマートウォッチ等の電子機器類は電源を切り，カバン等にしまってください。机の上に置いてはいけません。
■中途退場は認めません。

① 指示があるまでページを開いてはいけません。
② 聞き取り試験は 3 部から成り立っています。
③ 試験監督者の指示に従って，解答用紙の所定の欄に，受験番号・氏名を記入してください。
④ 放送の指示でページを開き，解答のしかたをよく読んでください。
⑤ 解答は黒の HB の鉛筆で強めに記入してください。
　書き直す場合には，消しゴムできれいに消してから記入してください。
⑥ **解答はすべて試験時間内に解答用紙の指定された箇所に記入してください。**
⑦ 記入する数字は，下記の見本に従って書いてください。

⑧ アルファベットは大文字と小文字の判別ができるようにはっきりと書いてください。

■試験が終わっても，指示があるまで席を立たないでください。
■解答用紙は持ち帰ってはいけません。
■この問題冊子の無断転載，無断複製を禁じます。

B
CD 2

——————— 第1部　Erster Teil ———————

1. 第1部は，問題 (**1**) から (**4**) まであります。
2. 各問題において，それぞれ四つのドイツ語の短い会話**1**～**4**を放送します。間隔をおいてもう一度放送します。
3. すべての会話を聞いたうえで，会話として最も自然なものを選び，その番号を解答用紙の所定の欄に記入してください。
4. 以下，同じ要領で問題 (**4**) まで順次進みます。
5. メモは自由にとってかまいません。
6. 問題を始める前に，放送で解答のしかたを説明します。その説明の中で例を示します。

【注意】解答は解答用紙に記入してください。

(**1**)　　1　　　　　　2　　　　　　3　　　　　　4

(**2**)　　1　　　　　　2　　　　　　3　　　　　　4

(**3**)　　1　　　　　　2　　　　　　3　　　　　　4

(**4**)　　1　　　　　　2　　　　　　3　　　　　　4

B
CD 3

——————— 第2部　Zweiter Teil ———————

1. 第2部は，問題 (**5**) から (**8**) まであります。
2. まずドイツ語の電話での会話を放送し，内容についての質問 (**5**)～(**8**) を放送します。それをもう一度放送します。
3. それを聞いたうえで，(**5**) と (**8**) には算用数字を，(**6**) と (**7**) には適切な一語を，解答用紙の所定の欄に記入してください。なお，単語は大文字と小文字をはっきり区別して書いてください。
4. 最後に全体を通して放送します。
5. メモは自由にとってかまいません。

(**5**)　Es schließt um ☐☐ Uhr.

(**6**)　Es liegt am ＿＿＿＿＿ .

(**7**)　Zum Museum kommt man mit dem ＿＿＿＿＿ Nummer 5.

(**8**)　Für Studenten kostet eine Karte ☐☐ Euro.

—104—

B
CD 4

第3部　Dritter Teil

1. 第3部は，問題（**9**）から（**11**）まであります。

2. まずドイツ語の短い文章を2回放送します。

3. それを聞いたうえで，その文章の内容を最も適切に表している絵をそれぞれ**1**～**4**から一つ選び，その番号を解答用紙の所定の欄に記入してください。

4. 以下，同じ要領で問題（**11**）まで順次進みます。

5. 最後に，問題（**9**）から（**11**）までのドイツ語の文章をもう一度通して放送します。そのあと，およそ1分後に試験終了のアナウンスがあります。試験監督者が解答用紙を集め終わるまで席を離れないでください。

6. メモは自由にとってかまいません。

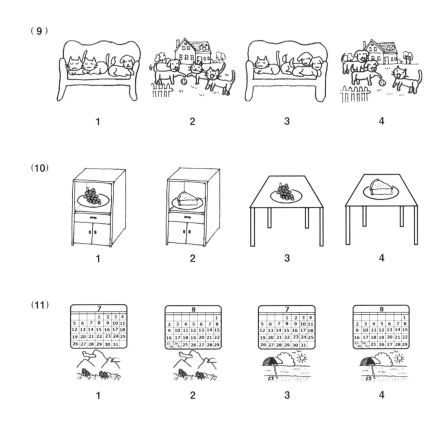

(9)

(10)

(11)

4級

2019年度 冬期 ドイツ語技能検定試験
聞き取り試験 解答用紙

受 験 番 号	氏　　　名
I 9 W	

手書き数字見本
0 1 2 3 4 5 6 7 8 9

【第1部】

例	4	(1)		(2)		(3)		(4)	

【第2部】

(5) Es schließt um ☐☐ Uhr.

採点欄 ☐☐

(6) Es liegt am _____ .

採点欄 ☐☐

(7) Zum Museum kommt man mit dem _____ Nummer 5.

(8) Für Studenten kostet eine Karte ☐☐ Euro.

【第3部】

(9)		(10)		(11)	

冬期 《4級》 ヒントと正解

【筆 記 試 験】

■1 発音とアクセント

正解 (1) 4　　(2) 3　　(3) 4　　(4) 4

　発音やアクセントの位置，母音の長短などに関する問題です。発音の基本的な規則を覚えておくことが重要です。

　(1) 子音字の発音に関する問題です。子音字が語末や音節末などに相当する場合，また，いくつかの子音字が並び合う場合，その発音に関しては注意が必要です。選択肢の下線部の子音字は b です。子音字 b は，母音が後続する場合には [b] と発音されるのに対し，語末や音節末のように母音が後続しない場合には [p] と発音されます。選択肢 **4** の sieben (7) の場合，下線部には母音 e が後続しています。そのため，子音字 b は [b] と発音されます。これに対し，動詞 geben (与える) の 3 人称単数形である選択肢 **1** の gibt，選択肢 **2** の halb (半分の)，選択肢 **3** の Herbst (秋) では，下線部に母音が後続していません。そのため，子音字 b は [p] と発音されます。したがって，正解は選択肢 **4** です。[正解率 74.77%]

　(2) 語のアクセントの位置に関する問題です。ドイツ語では，語は原則として最初の音節にアクセントが置かれます。ただ，語頭が be-, er-, ge- のような非分離前つづりである場合，その前つづりにはアクセントが置かれません。また，外来語においては，上記の原則に対する例外が多くあります。選択肢 **1** の Erkältung (風邪)，選択肢 **2** の Gepäck (手荷物) の場合，語頭はそれぞれアクセントを担わない非分離前つづり er-, ge- です。これらの語では，非分離前つづりに後続する音節中の母音 ä にアクセントが置かれます。また，非分離前つづりを含まない選択肢 **4** の Wäsche (洗濯物) の場合，原則通り最初の音節中の母音 ä にアクセントが置かれます。一方，ラテン語起源である選択肢 **3** の Präsident (大統領) の場合，アクセントは最初の音節中の母音 ä でなく，最後の音節中の e に置かれます。したがって，正解は選択肢 **3** です。なお，選択肢 **1** を選んだ解答が 28.41% ありました。語のアクセントの位置を判断する上では，非分離前つづりの有無といった語構成に関する知識や語種に関する知識が手がかりとなる可能性

があります。同じ非分離前つづりを含んだ他の語のアクセントも参考にした上で判断しましょう。[正解率 49.07%]

(3) 母音の長短に関する問題です。ドイツ語の語では原則として，アクセントが置かれる母音は，子音字一つの前では長く発音されるのに対し，子音字二つ以上の前では短く発音されます。ただし，ab-, an- のような前つづりを含め，母音が子音字一つの前でありながら短く発音される例外的な場合もあります。また，二つ以上の要素からなる複合語の場合，個々の要素における母音の長短の区別は複合語全体においても保持されます。選択肢 **1** から選択肢 **4** までの語はすべて，下線部の母音字 a にアクセントが置かれます。まず，選択肢 **1** の Abfahrt (発車) は ab- と Fahrt の組み合わせからなる複合語であり，前つづり ab- の母音字 a は短く発音されます。また，選択肢 **2** の Haltestelle (停留所) と選択肢 **3** の Krank-heit (病気) は，母音 a が二つの子音字の前にあり，短く発音されます。一方，選択肢 **4** の Radfahren (自転車走行) は Rad と fahren の組み合わせからなる複合語です。このうち Rad の母音 a は一つの子音字の前にあり，長く発音されます。したがって，正解は選択肢 **4** です。[正解率 56.45%]

(4) 文の中で強調して発音される語を問う問題です。一般的に，文中では最も重要な情報を担う部分が強調されます。**A** は「きみはスポーツをするのが好き？」と尋ねます。これに対して **B** は「うん，私はテニスをするのが好きだよ」と答えます。**B** は **A** の質問に「うん」と答えた上で，テニスが好きであるということを追加情報として述べています。とりわけ重要な情報はテニスであることから，それに該当する表現 Tennis を強調して発音するのが自然です。したがって，正解は選択肢 **4** です。[正解率 84.25%]

◇この問題は 12 点満点 (3 点×4) で，平均点は 7.94 点でした。

---

1 ここがポイント！
────────────────

＊語のアクセントの位置や母音の長短に関する原則を覚えよう！
＊前つづりを含む語や外来語の場合，発音やアクセントに関する例外が多いので注意しよう！

---

2 動詞と助動詞 (現在人称変化)

正解 (1) 4　　(2) 2　　(3) 4　　(4) 1

動詞と話法の助動詞の現在人称変化を問う問題です。

（**1**）規則変化動詞 bleiben（とどまる）の変化形を問う問題です。規則変化動詞は，主語が親称 2 人称複数 ihr のとき，語尾 -t で終わる形になります。したがって，正解は選択肢 **4** です。問題文は「きみたちはいつまでドイツにとどまるの？──3 月まで」という意味です。［正解率 85.89%］

（**2**）不規則変化動詞 tragen（運ぶ）の変化形を問う問題です。tragen や schlafen（眠る）など一部の動詞は，主語が親称 2 人称単数 du と 3 人称単数 er/sie/es のとき，語幹の母音が a→ä と変化します。tragen の場合は，du trägst, er/sie/es trägt のように変化します。したがって，正解は選択肢 **2** です。なお，問題文は bitte が含まれているために命令文のように見えるかもしれませんが，一般的に，du に対する命令文では主語 du は用いられません。問題文の場合，主語 du があり，文末に疑問符があることから，疑問文に相当することがわかります。問題文は「どうか，このスーツケースを私のために上に運んでくれる，ダニエル？」という意味であり，疑問文形式で依頼を表しています。［正解率 92.85%］

（**3**）規則変化動詞 finden（見つける）の変化形を問う問題です。finden や arbeiten（働く）など，語幹が t, d で終わる動詞は，主語が親称 2 人称単数 du，3 人称単数 er/sie/es，親称 2 人称複数 ihr のとき，口調を整えるため語幹の直後に母音 e を足した上で人称変化語尾を付けます。finden の場合，du findest, er/sie/es findet, ihr findet のように変化します。したがって，正解は選択肢 **4** です。問題文は「マリアは残念ながら趣味のための時間を見つけ（られ）ない。彼女は忙しい」という意味です。［正解率 92.10%］

（**4**）話法の助動詞 wollen（〜するつもりだ）の変化形を問う問題です。話法の助動詞は，sollen の場合を除き，主語が単数のときに語幹の母音が変音します。wollen の場合は，ich will, du willst, er/sie/es will のように，母音が o→i と変化します。したがって，正解は選択肢 **1** です。問題文は「私はオーストリアで音楽を学ぶつもりだ」という意味です。動詞 studieren は「学問として学ぶ，研究する」という意味です。［正解率 91.07%］

◇この問題は 12 点満点（配点 3 点×4）で，平均点は 10.86 点でした。

2 ここがポイント！

＊語幹の母音が変音する不規則変化動詞や，口調を整えるために語幹と語尾
の間に母音 e を足す場合がある動詞に注意しよう！

＊話法の助動詞については，その意味だけでなく，主語が単数のときに語幹
の母音がどう変化するのかも正確に覚えておこう！

3 代名詞と冠詞類

正解 (1) 3 (2) 4 (3) 2 (4) 1

人称代名詞や冠詞類を性・数・格に応じて適切に変化させる問題です。格につ
いては，当該の語が文中で他の語句とどのような関係を結ぶかという点を手がか
りに判断する必要があります。

(1) 人称代名詞の変化形を問う問題です。第 1 文は「私の祖母は目が悪い」と
いう意味です。続く第 2 文の空欄には，女性名詞 meine Oma（私の祖母）を受け
る 3 人称単数の代名詞 sie（彼女）を適切な形に変化させて入れる必要があります。
また，第 2 文の動詞 helfen（～を手伝う）は 3 格目的語をとることから，空欄に
は女性 3 格の ihr を入れるのが適切です。したがって，正解は選択肢 **3** であり，
第 2 文は「きみは彼女を，読書のとき，どうか手伝ってくれるかい？」という意
味です。なお，選択肢 **1** の ihm は男性 3 格であり，第 1 文の meine Oma とは
性が一致しません。また，選択肢 **2** と選択肢 **4** については，ihn や sie が 3 格の
代名詞に相当する可能性がないため，候補から除外されます。[正解率 48.60%]

(2) 所有冠詞の変化形を問う問題です。空欄直後には男性名詞 Vater の 2 格形
である Vaters が置かれていることから，空欄に入る所有冠詞 mein（私の）も 2
格の meines に変化させる必要があります。したがって，正解は選択肢 **4** です。
問題文は「私の父の家はとても古い。それにもかかわらず，彼は引っ越すつもり
がない」という意味です。[正解率 72.99%]

(3) 疑問詞 welch-（どの）の変化形を問う問題です。空欄直前の mit は 3 格支
配の前置詞であることから，welch- は 3 格に変化させる必要があります。welch-
は定冠詞に準じた変化をする疑問詞であり，男性 3 格のときと中性 3 格のときは
welchem，女性 3 格のときは welcher，複数 3 格のときは welchen のように変
化します。そして，空欄直後の Flug（飛行機）は男性名詞の単数形であるため，

welch- の変化形としては男性 3 格の welchem を選ぶのが適切です。したがって，正解は選択肢 **2** です。問題文は「あなたも火曜日にウィーンへ飛ぶのですか？ どの飛行機で？」という意味です。[正解率 66.40%]

（4）冠詞類 all-（すべての）の変化形を問う問題です。空欄の直後には名詞 Schüler が置かれています。Schüler は単数と複数とで形が同じですが，問題文では直後の動詞 kennen（知っている）が複数の変化形であることから，その主語である Schüler も複数形であることがわかります。したがって，冠詞類 all- は複数 1 格の alle という変化形にする必要があります。正解は選択肢 **1** であり，問題文は「彼はきみの学校で働いているの？ ——うん，すべての生徒が彼を知っているよ」という意味です。なお，選択肢 **4** を選んだ解答が 23.46% ありました。[正解率 56.73%]

◇この問題は 12 点満点（配点 3 点×4）で，平均点は 7.34 点でした。

3 ここがポイント！
＊冠詞類は，後続する名詞の性・数・格を確認した上で，適切な形に変化させよう！
＊個々の動詞や前置詞ごとに格支配は異なるため，重要なものから少しずつ着実に覚えていこう！

4 語順

正解 （1）**1**　　（2）**3**　　（3）**1**　　（4）**1**

語順を問う問題です。動詞や話法の助動詞，前置詞の位置など，語順に関する基本的な規則を覚えている必要があります。

（1）動詞の位置を問う問題です。挿入すべき語 mache は，動詞 machen（〜する）を主語 ich に合わせて人称変化させた形（定形）であり，その位置が問われています。ドイツ語の平叙文では動詞の定形が文の 2 番目の要素となるよう配置します。したがって，挿入すべき語である mache は文頭の要素である am Wochenende の直後に置かれます。正解は選択肢 **1** です。問題文は「週末，私はふつう長時間散歩をします」という意味です。選択肢 **2** を選んだ解答が 20.75% ありましたが，選択肢 **2** は am Wochenende と ich の 2 要素より後であり，文頭から

2番目の位置にあたりません。なお，einen Spaziergang machen は「散歩をする」という意味の言い回しです。［正解率 75.09%］

（**2**）前置詞 von の位置を問う問題です。完成させるべき **B** の文には Beruf（職業），Deutschlehrer（ドイツ語教師）という表現が含まれていることから，ある人物の職業が話題になっているものと予想できます。正解は Beruf の直前の位置にあたる選択肢 **3** であり，問題文は「**A**: きみのお父さんは何をしているの？ **B**: 彼は，職業がドイツ語教師です」という意味です。前置詞句 von Beruf は「職業（に関して）は」という意味の基本表現です。なお，ドイツ語で職業を述べる場合，職名は無冠詞扱いであり，Er ist Deutschlehrer.（彼はドイツ語教師です）のように表現します。［正解率 91.17%］

（**3**）話法の助動詞の位置を問う問題です。完成させるべき第 2 文は疑問符で終わっていることから，疑問文に相当します。また，was や wie のような疑問詞を伴わない疑問文では，文頭に動詞や助動詞の定形を置きます。第 2 文では疑問詞がないことから，文頭にあたる選択肢 **1** に話法の助動詞 wollen を入れるのが適切です。したがって，正解は選択肢 **1** です。第 1 文を含めた問題文全体は「カーチャ，私はお腹がすいたよ。いまからピザを食べに行かない？」という意味です。Wollen wir ...? は「〜しない？」という意味の勧誘表現です。なお，選択肢 **1** は文頭であるため，wollen を入れて文を完成させる場合，語頭の w は大文字で書きます。［正解率 91.50%］

（**4**）前置詞 seit の位置を問う問題です。seit は「〜前から」という時間関係を表す前置詞です。また，直後に置かれる名詞は 3 格になります。seit が時間関係を表す以上，時間を表す名詞の直前に seit を置くのが適切であるものと予想されます。正解は，複数 3 格の名詞 zwei Monaten（2 ヶ月）の直前の位置にあたる選択肢 **1** であり，問題文は「2 ヶ月前からタカダ氏はドイツ語を学んでいます」という意味です。選択肢 **4** を選んだ解答が 17.01 % ありましたが，その直後に置かれている Deutsch（ドイツ語）は時間表現ではなく，seit とは意味的に整合しません。なお，Monat（［時間単位としての］月）の複数形は Monate ですが，3 格の場合には語尾 -n が付いた Monaten という形になります。また，選択肢 **1** は文頭にあたるため，seit を入れて文を完成させる場合，語頭の s は大文字で書きます。［正解率 68.32%］

◇この問題は 12 点満点（配点 3 点×4）で，平均点は 9.79 点でした。

4 ここがポイント！

＊平叙文では一般に動詞や助動詞の定形が文の 2 番目の要素となるよう配置しよう！

＊von Beruf, seit zwei Monaten など，よく使われる前置詞表現を少しずつ身につけていこう！

＊前置詞ごとの格支配を正確に覚えよう！

5 語彙

正解 (1) **2** (2) **2** (3) **3** (4) **1**

語彙力を問う問題です。文中の他の語句との関係や完成させるべき文全体の意味に注意して適切な語を選ぶ必要があります。

(1) 前半の文は「りんご二つとバナナ三本をお願いします！」という意味であり，それを受けた後半の文には 3,10 Euro という価格表現が含まれていることから，全体は買い物客と店員とのやり取りであることが予想されます。また，そのことから，店員は注文品の合計金額を伝えているものと予想されます。仮に選択肢 2 の macht を選んだ場合には，das macht ...（〜の額になる）という言い回しが成立します。正解は選択肢 2 で，後半の文は「全部で 3.10 ユーロになります」という意味です。なお，選択肢 1 の kauft を選んだ解答が 40.42% ありましたが，Das kauft ... では「それが〜を買う」という意味になり，自然な会話が成立しません。［正解率 53.41%］

(2) 前半の文は「学生食堂に行こうか？」という意味であり，それを受けた後半の出だしである Ich nicht. は，Ich gehe nicht.（私は行かない）の省略表現です。後に続く空欄付きの文には主語 ich と動詞 haben，さらに否定冠詞 keine が含まれていることから，その直後の空欄には 4 格目的語相当の女性名詞か複数名詞を入れる必要があります。選択肢 1 の Katze（猫），選択肢 2 の Lust（気持ち，意欲），選択肢 3 の Tasche（かばん），選択肢 4 の Uhr（時計）はすべて女性名詞であり，文法的にはいずれも空欄に適合します。このうち，文脈的に適切なのは選択肢 2 であり，空欄に Lust を入れた場合には，Lust haben（〜する気がある）に基づく「私には全然その気がない」という意味の文が成り立ちます。したがって，正解は選択肢 2 です。なお，選択肢 4 を選んだ解答が 50.70% ありましたが，仮に選択肢 4 を用いた場合には「私は時計を持っていない」という意味になり，

自然な会話が成立しません。[正解率 29.58%]

　(3) 第 1 文は「私たちはいまから行かなければならない」という意味であり，それに続く後半は空欄抜きで「(時刻は) 17 時だ」を意味します。一方，選択肢 **1** の ganz は「完全に」，選択肢 **2** の genug は「十分な」，選択肢 **3** の schon は「すでに，もう」，選択肢 **4** の voll は「いっぱいの」という意味です。このうち，17 Uhr という時間表現と意味的に整合するのは選択肢 **3** であり，空欄に schon を入れた場合には「私たちはいまから行かなければならない。もう 17 時だ」という自然な文意が成り立ちます。したがって，正解は選択肢 **3** です。[正解率 61.54%]

　(4) 前半は「おやすみ，マリア！」という意味です。それを受けた後半の出だしは「よく寝てね，シュテファン！」という意味であり，さらに空欄と副詞 morgen (明日) が続きます。一方，四つの選択肢はすべて前置詞であり，選択肢 **1** の bis は「〜まで」，選択肢 **2** の nach は「〜のあとで」，選択肢 **3** の seit は「〜前から」，選択肢 **4** の vor は「〜の前」という意味です。このうち bis を空欄に入れた場合は，「明日まで」，つまり「また明日！」を意味する言い回し Bis morgen! が成り立ちます。したがって，正解は選択肢 **1** です。[正解率 62.38%]

◇この問題は 12 点満点 (配点 3 点×4) で，平均点は 6.21 点でした。

┏━**5** ここがポイント！━━━━━━━━━━━━━━━━━
┃ ＊個々の語の意味を覚えるだけでなく，文脈に合わせて適切な語を選ぶ力を
┃ 　身につけよう！
┃ ＊特定の語の組み合わせからなる言い回しは，一つのまとまりとして覚えて
┃ 　おこう！
┗━━━━━━━━━━━━━━━━━━━━━━━━━━━━━

6 会話表現

　正解　(1) 3　　(2) 2　　(3) 2　　(4) 4

　空欄に適切な表現を入れることにより，短い会話を完成させる問題です。文法的な知識に加えて，日常的な場面でよく用いられる慣用表現の知識も求められます。

　(1) A の発言は「いま天気はどうですか？」という意味です。選択肢 **1** は「あ

りがとう，彼は元気です」，選択肢 **2** は「もう（時期・時刻が）遅いです」，選択肢 **3** は「雨が降っていて，寒いです」，選択肢 **4** は「そこにレストランがあります」という意味です。**A** の発言が天気に関する質問であることから，天気について述べている選択肢 **3** が正解です。なお選択肢 **2** を選んだ解答が 19.44% ありましたが，「（時期・時刻が）遅い」という意味の形容詞 spät を用いた選択肢 **2** は，天気に関する質問への答えとして適切ではありません。［正解率 65.84%］

(2) **A** の発言は「あなたはこんなにたくさん本をお持ちなのですね！ 好きな読み物は何ですか？」という意味です。選択肢 **1** は「毎日」，選択肢 **2** は「長編小説と漫画」，選択肢 **3** は「寝室で」，選択肢 **4** は「書店で」という意味です。**A** の発言が好きな読み物のジャンルに関する質問であることから，読み物のジャンルの具体例を挙げている選択肢 **2** が正解です。［正解率 93.79%］

(3) **A** の発言は「私の母は来ません。彼女は風邪をひいています」という意味です。**B** では，「あら，それは残念ですね」と述べられた後，「彼女に〜をお祈りします」という発言が続きます。選択肢 **1** は「よい空の旅を」，選択肢 **2** は「よい快復を」，選択肢 **3** は「よい旅行を」，選択肢 **4** は「よい食欲を」という意味です。このうち，病気の人に向けられる祈りの内容として最も適切なのは快復であることから，正解は選択肢 **2** です。なお，選択肢 **2** と選択肢 **4** については，Gute Besserung!（お大事に！）や Guten Appetit!（おいしく召し上がれ！）という単独表現としても定着しています。［正解率 47.85%］

(4) **B** の発言は「イタリアへ」という意味です。**A** の発言は疑問符で閉じられていることから，選択肢はいずれも疑問詞であり，疑問詞を含んだ **A** の発言と **B** の発言は会話として成立している必要があります。選択肢 **1** は「誰が」，選択肢 **2** は「どのように」，選択肢 **3** は「どこから」，選択肢 **4** は「どこへ」という意味です。**B** では前置詞 nach を用いて移動の方向が表現されていることから，**A** の発言全体は，行き先に関する質問に相当します。したがって，空欄には，移動の方向を答えとして求める疑問詞 wohin が入ります。正解は選択肢 **4** です。**A** の発言は「きみたちは夏休みにどこへ行くの？」という意味です。［正解率 73.64%］

◇この問題は 12 点満点（配点 3 点×4）で，平均点は 8.44 点でした。

6 ここがポイント！

* 日常会話でよく用いられる挨拶や慣用表現を覚えよう！
* 疑問詞の種類と用法を確認しよう！
* es を用いた代表的な表現（天候表現，時間表現，心身の状態を表す表現
  など）を押さえておこう！

7 テキストの要点の理解（イラスト選択）

正解 (a) 7　(b) 3　(c) 1　(d) 5　(e) 6

ドイツに住むユルゲンの近況について書かれたテキストを読み，内容と一致す
る絵を選ぶ問題です。

内容:

2 週間前から，ユルゲンは，とある村に一軒の家を持っています。そこはと
ても静かです。そして，庭も彼はたいへん気に入っています。家の近くには公
園があります。そこで彼はしばしばジョギングをします。というのも，彼は屋
外にいるのが好きだからです。

新しい家の中では，まだすることがたくさんあります。寝室用にはすでにす
べての家具があります。ベッドは特に快適です。リビング用には，まだすべて
揃っていません。木曜日に，彼はバスで町に行きます。そこで彼はテーブルを
買うつもりです。買い物の後，ユルゲンは恋人のマリアと一緒にカフェに行き
たいと思っています。彼女は町の中心部に住んでいます。彼女は自転車に乗っ
てカフェに行きます。

土曜日に，彼女はユルゲンを新居に訪ねます。彼女はすでにそれを楽しみに
しています。

【語彙】 in der Nähe et²: ～の近くに　es gibt et⁴: ～がある　viel zu tun
haben: することがたくさんある　sich⁴ auf et⁴ freuen: ～を楽しみにしている

(a) は「ユルゲンはいまどこに住んでいますか？」という意味です。テキスト
では，ユルゲンが 2 週間前からとある村に一軒家を持っていること，庭が気に入っ
ていることが述べられています。したがって，庭付き一軒家が描かれている選択
肢 7 が正解です。［正解率 87.24%］

(b) は「ユルゲンは公園で何をしますか？」という意味です。テキストでは，ユ

ルゲンが公園でしばしばジョギングをすると述べられているので，男性がジョギ
ングをしている姿が描かれた選択肢 **3** が正解です。［正解率 93.22%］

(**c**) は「ユルゲンはリビング用に何を買うつもりですか？」という意味です。テ
キストでは，リビング用にはまだすべて揃っていないと述べられています。また，
ユルゲンは町でテーブルを買うつもりだとも述べられているので，テーブルが描
かれている選択肢 **1** が正解です。［正解率 73.50%］

(**d**) は「ユルゲンはどうやって町に行きますか？」という意味です。テキスト
では，ユルゲンがバスで町に行くと述べられています。したがって，バスが描か
れている選択肢 **5** が正解です。［正解率 94.25%］

(**e**) は「ユルゲンは木曜日にマリアとどこに行きたいと思っていますか？」と
いう意味です。テキストでは，買い物の後でユルゲンはマリアと一緒にカフェに
行きたいと思っているということが述べられているので，カフェが描かれている
選択肢 **6** が正解です。［正解率 94.77%］

◇この問題は 15 点満点（配点 3 点×5）で，平均点は 13.30 点でした。

7 ここがポイント！
＊時間や場所を表わす語句に注目した上で，テキストの内容を整理しよう！
＊一つ一つの語句に注目するだけでなく，前後の文脈を正確に読み取ろう！

8 会話文理解

正解 (**a**) **4** (**b**) **7** (**c**) **1** (**d**) **2** (**e**) **6**

文脈的に適切な表現を空欄に入れることにより，会話文を完成させる問題です。
選択肢に挙がっている各表現の意味を正しく理解することに加え，空欄に入れる
べき表現とその前後の文との意味的なつながりや会話全体の流れを確認すること
が重要です。テキストは，ケンと駅員（Bahnpersonal）が，ドイツの駅のホーム
でかわしている会話です。ケンは，自分の乗る列車が出発しないことを不審に思
い，駅員に質問します。まず，会話文と選択肢の意味を確認してください。

内容
ケン： すみません。なぜ列車は発車しないのですか？

駅員： この列車のことですか？

ケン： そうです，ハノーファー行きの列車のことです。出発時刻は 10 時 20 分ですよね？ (**a**)

駅員： はい，遅延しています。(**b**)

ケン： 本当ですか？ いったい，いつ発車するのですか？

駅員： わかりません。まず信号機を直さなければなりません。それには普通，3 時間から 4 時間かかります。お待ちいただかなければなりません。

ケン： (**c**) 私はハノーファーでハンブルク行きの列車に乗り換えなければなりません。どうすればいいですか？

駅員： ベルリンで乗り換えることもできますよ。(**d**) 15 番線です。

ケン： (**e**) ありがとうございます！

駅員： よい旅を！

1 それはだめです。

2 ベルリン行きの列車は 15 分後に出ます。

3 列車内で食事はできますか？

4 何か問題が起こっているのですか？

5 いま何時ですか？

6 わかりました。そうします。

7 信号機が 1 台，故障しています。

8 私は切符を持っていません。

（**a**）ケンは，10 時 20 分ハノーファー行きの列車が出発しないことを指摘した上で（**a**）と言います。（**a**）に対して，駅員は「はい，遅延しています」と答えます。駅員がケンの発言（**a**）の内容を肯定し，その上で遅延に言及する，という話の展開を踏まえると，まず発言（**a**）を通じて不都合な事情が話題として導入された後に，駅員がそれを認めた上で「遅延しています」という具体的な情報を追加しているのではないかと予想されます。正解は，選択肢 **4**「何か問題が起こっているのですか？」であり，全体として，質問 → 質問に対する肯定 → 補足説明という流れが成立します。［正解率 70.47%］

（**b**）「何か問題が起こっているのですか？」というケンの問いに対して「はい，遅延しています」と答えた駅員は，続けて（**b**）と発言し，それを聞いたケンは「本当ですか？」と言います。その後，駅員は列車がいつ出発するのかというケンの問いに対して「まず信号機を直さなければなりません」と言います。このことか

ら，(**b**)には，信号機に関する何らかの情報が導入されているのだろうと予想できます。正解は，選択肢 **7**「信号機が 1 台，故障しています」です。なお，選択肢 **1**「それはだめです」を選んだ解答が 20.84% ありました。仮に選択肢 **1** を選んだ場合，駅員は自らの発言に対して拒絶の意を表していることになり，自然な話の流れが成立しません。その点で，選択肢 **1** を (**b**) に入れるのは適切ではありません。［正解率 54.53%］

(**c**)「お待ちいただかなければなりません」という駅員の発言に対し，ケンは (**c**) と答え，さらに「私はハノーファーでハンブルク行きの列車に乗り換えなければなりません。どうすればいいですか?」と伝えます。このことから，ケンは，待つようにという駅員の案内に対して拒絶の意を表しているものと予想できます。正解は，選択肢 **1** の「それはだめです」です。Das geht nicht.（それはだめです）は拒絶や否定的な評価を表す重要な言い回しです。なお，選択肢 **8**「私は切符を持っていません」を選んだ解答が 27.20% ありましたが，選択肢 **8** は (**c**) の直後の発言「私はハノーファーでハンブルク行きの列車に乗り換えなければなりません」と内容的に整合しません。その点で，選択肢 **8** を (**c**) に入れるのは適切ではありません。［正解率 37.24%］

(**d**) 困っているケンに対し，駅員は「ベルリンで乗り換えることもできますよ」と助言した上で (**d**) と発言し，さらに「15 番線です」と言います。このことから，駅員は，ベルリン行きの列車に関して何らかの情報を追加しているものと予想できます。正解は，選択肢 **2** の「ベルリン行きの列車は 15 分後に出ます」です。［正解率 76.87%］

(**e**) 駅員がベルリンでの乗り換えを助言したのに対し，ケンは (**e**) と答えた上で「ありがとうございます!」と言うことにより，感謝の意を伝えています。このことから，ケンは駅員の助言に満足し，それを受け入れたのだろうと予想することができます。正解は，選択肢 **6** の「わかりました。そうします」です。［正解率 92.52%］

◇この問題は 15 点満点（配点 3 点×5）で，平均点は 9.95 点でした。

8 ここがポイント！

＊会話中のキーワードを手がかりに，正確な内容を理解しよう！

＊他者の発言に対する話し手の同意や確認を表す表現として，Ja!（はい）以外に，Genau!（まさしく）や Das stimmt!（その通り）なども覚えておこう！

＊Abfahrt（出発），Verspätung（遅延），Gleis（〜番線），umsteigen（乗り換える）など，列車での移動に関する基本語彙をまとめて覚えておこう！

9 テキストの正確な理解（日本語文選択）

正解　1，5，7，8（順序は問いません）

ある程度の長さのまとまったテキストを読み，その要点を正しく理解できるかどうかを問う問題です。テキスト中の表現を正確に読み解いた上で，選択肢の内容の正誤を判断することが求められます。

内容：

レベッカは16歳で，2年前からデュッセルドルフの職業学校で工業技術を学んでいます。彼女のクラスには，15人の男子生徒と3人の女子生徒が在籍しています。通常，工業技術を学ぶ女子生徒は少ししかいません。それゆえ，現在では女子向けの特別なプログラムがたくさんあります。「女性の技術者がもっと増えてほしいと思います」とレベッカは言います。彼女は自動車整備士になりたいと思っています。それは彼女の夢の職業です。彼女はオートバイと自動車が大好きです。数年後には，彼女は自動車の運転免許を取得できます。彼女はすぐに自動車を運転したいと思っています。彼女は現在，両親のもとで暮らしています。学校を卒業したら，彼女はボーイフレンドのパウルと一緒に暮らしたいと考えています。パウルも職業学校の生徒です。彼は航空整備士として空港で働きたいと思っています。彼もまた，レベッカのようにオートバイと自動車が好きです。2人は，将来働いて十分なお金が貯まったら，1年間か2年間，オートバイで世界中を旅したいと思っています。インド，中国，オーストラリア，その他たくさんの国を彼らは訪ねたいと思っています。その旅について，彼らはよく話をします。

【語彙】　wenig: わずかの，少ししか〜でない　es gibt et⁴: 〜がある　Tech-

— 120 —

niker/in: 技術者 Automechaniker/in*: 自動車整備士 in ein paar Jah-
ren: 数年後に Führerschein: 運転免許証 Flugzeugmechaniker/in*: 航
空整備士 die beiden: 2 人 durch die Welt reisen: 世界中を旅する von
et³ sprechen: ～について話す
* Mechaniker/in は，今日では Mechatroniker/in と呼ばれることが多い。

　選択肢 **1** は，テキスト第 2〜3 行「彼女のクラスには，15 人の男子生徒と 3 人
の女子生徒が在籍しています」に合致するので，正解です。[正解率 88.22%] 選
択肢 **2** は，テキスト第 4〜5 行「『女性の技術者がもっと増えてほしいと思います』
とレベッカは言います」と矛盾するので，不正解です。選択肢 **3** は，テキスト第
6〜7 行「数年後には，彼女は自動車の運転免許を取得できます」と矛盾するの
で，不正解です。選択肢 **4** は，テキスト第 5〜6 行「彼女は自動車整備士になり
たいと思っています。それは彼女の夢の職業です」と矛盾するので，不正解です。
選択肢 **5** は，テキスト第 7〜8 行「彼女は現在，両親のもとで暮らしています」に
合致するので正解です。[正解率 79.39%] 選択肢 **6** は，テキスト第 9〜10 行「パ
ウルも職業学校の生徒です。彼は航空整備士として空港で働きたいと思っていま
す」と矛盾するので，不正解です。選択肢 **7** は，テキスト第 10〜11 行「彼もま
た，レベッカのようにオートバイと自動車が好きです」に合致するので，正解で
す。[正解率 90.61%] 選択肢 **8** は，テキスト第 11〜13 行「2 人は，将来働いて
十分なお金が貯まったら，1 年間か 2 年間，オートバイで世界中を旅したいと思っ
ています」に合致するので，正解です。[正解率 85.19%]

◇この問題は 12 点満点（配点 3 点×4）で，平均点は 10.30 点でした。

9 ここがポイント！
* テキスト全体の流れをよく把握し，重要だと思われる情報を読み取ろう！
* normalerweise（通常は），sofort（すぐに），später（のちに，将来），
genug（十分に）などの副詞が表す頻度や時間関係，度合いを正確に理解
しよう！
* Beruf＋Schule＝Berufsschule（職業学校），Auto＋Mechaniker＝Au-
tomechaniker（自動車整備士），Flugzeug＋Mechaniker＝Flugzeug-
mechaniker（航空整備士），Traum＋Beruf＝Traumberuf（夢の職業）
のように複数の要素からなる複合名詞については，個々の要素の意味を手
がかりに全体の意味を推測しよう！

【聞き取り試験】

第1部 会話表現理解（流れが自然なものを選択）

正解 (1) 3　(2) 4　(3) 2　(4) 1

　放送された4通りの短い会話を聞き，流れが最も自然であるものを選ぶ問題です。文字や絵などの視覚情報を手がかりとすることなく，質問などの発話とそれに続く発話を正確に聞き取った上で，相互の内容的なつながりを確認する必要があります。また，そのためには，イントネーション，アクセント，個々の母音や子音の発音などに関する適切な理解も求められます。

　なお，4通りの会話において，先行する発話の部分はすべて同じです。以下では，最初にこの共通部分を，次いで後続する4通りの発話の部分を示します。

放送　問題1: Welche Musik hörst du gern?

選択肢:　1　Ja, ich höre gern Musik.
　　　　　2　Ja, ich höre Radio.
　　　　　3　Ich höre gern Jazz.
　　　　　4　Ich höre Musik nur im Auto.

「きみはどういう音楽を聴くのが好きですか?」という質問に対して，選択肢1では「はい，私は音楽を聴くのが好きです」，選択肢2では「はい，私はラジオを聴きます」，選択肢3では「私はジャズを聴くのが好きです」，選択肢4では「私は車の中でしか音楽を聴きません」と答えています。特定のジャンルの音楽を挙げていて，自然な問答を成立させることができるのは選択肢3だけです。したがって，正解は選択肢3です。［正解率65.79%］

放送　問題2: Möchtest du noch ein Bier trinken?

選択肢:　1　Ja, ich nehme noch ein Stück Kuchen.
　　　　　2　Ja, ich habe einen Bruder.
　　　　　3　Nein, ich heiße Thomas Biermann.
　　　　　4　Nein, danke. Ich muss jetzt gehen.

「ビールをもう1杯飲みたいですか?」という質問に対して，選択肢1では「はい，ケーキをもう1切れいただきます」，選択肢2では「はい，私には兄(弟)が1人います」，選択肢3では「いいえ，私はトーマス・ビアマンという名です」，

選択肢 **4** では「いいえ，ありがとう。もう行かなければなりません」と答えています。選択肢 **1** から選択肢 **3** までは，ビールを飲みたいかどうかという質問に対する答えとして自然でないのに対し，選択肢 **4** は断わりの表現として理解できます。したがって，正解は選択肢 **4** です。［正解率 84.53%］

放送 問題 **3**: Wie geht es deiner Schwester?
選択肢: **1** Danke, mir geht es gut.
 2 Danke, ihr geht es gut.
 3 Sie geht zu ihr.
 4 Ich gehe zu meiner Schwester.

「きみのお姉さん (妹さん) は元気ですか?」という質問に対して，選択肢 **1** では「ありがとう，私は元気です」，選択肢 **2** では「ありがとう，彼女は元気です」，選択肢 **3** では「彼女は (別の) 彼女のところに行きます」，選択肢 **4** では「私は姉 (妹) のところに行きます」と答えています。姉 (妹) が元気かどうかという質問に対する答えとして理解できるのは選択肢 **2** だけです。したがって，正解は選択肢 **2** です。なお，選択肢 **3** を選んだ解答が 24.44% ありました。［正解率 43.18%］

放送 問題 **4**: Wann öffnet der Supermarkt?
 1 Um acht.
 2 Herr Fischer.
 3 Durch den Park.
 4 Zahlen bitte.

「スーパーマーケットはいつ開きますか?」という質問に対して，選択肢 **1** では「8 時に」，選択肢 **2** では「フィッシャー氏」，選択肢 **3** では「公園を抜けて」，選択肢 **4** では「お勘定をお願いします」と答えています。いつスーパーマーケットが開店するかという質問に対する答えとなり得るのは，時刻を挙げている選択肢 **1** だけです。したがって，正解は選択肢 **1** です。［正解率 78.18%］

◇この問題は 12 点満点 (配点 3 点×4) で，平均点は 8.16 点でした。

第1部 ここがポイント!

*es geht jm ... のような表現については，3 格の名詞や人称代名詞が誰のことを指しているのかという点に注意しよう!
*疑問文が疑問詞から始まる場合は，その疑問詞をしっかり聞き取ろう!

第2部 テキストの重要情報の聞き取りと記述

正解 **(5) 18 (06)** **(6) Markt** **(7) Bus** **(8) 12**

放送された会話を聞き，その内容に関する質問に単語や数字で答える問題です。質問もドイツ語で放送されます。

放送

A: Museum für Musik, guten Tag.

B: Guten Tag. Ich habe einige Fragen. Wann ist das Museum offen?

A: Unser Museum öffnet um 11.00 Uhr und schließt um 18.00 Uhr.

B: Danke. Und ist das Museum in der Hauptstraße?

A: Nein, nein. Unser Museum liegt am Markt; zwischen der Post und der Kirche.

B: Ah ja. Und wie kommt man vom Bahnhof zum Museum?

A: Fahren Sie mit dem Bus Nummer 5.

B: Okay. Und noch eine Frage. Wie viel kostet eine Karte?

A: Eine Karte für Erwachsene kostet 15 Euro, für Studenten 12 Euro und für Kinder 4 Euro.

B: Alles klar! Vielen Dank und auf Wiederhören!

A: Auf Wiederhören!

内容:

A: 音楽博物館です。こんにちは。

B: こんにちは。いくつか質問があるのですが。博物館はいつ開いていますか？

A: 私どもの博物館は 11 時開館で，18 時閉館です。

B: ありがとうございます。それと，博物館は中央通りにあるのですか？

A: いえいえ。博物館は市場に面しています。郵便局と教会の間です。

B: なるほど。それと，駅から博物館へはどのように行くのですか？

A: 5 番のバスでお越しください。

B: わかりました。それから，もう一つ質問です。チケットは 1 枚いくらですか？

A: 大人用のチケットは 1 枚 15 ユーロ，学生用は 12 ユーロ，子ども用は 4 ユーロです。

B: わかりました！ どうもありがとうございました。さようなら！

A: さようなら！

【語彙】 eine Frage / Fragen haben: 質問がある　öffnen: 開く　schließen: 閉まる　Auf Wiederhören:（電話で）さようなら

放送　問題**5**:　Um wie viel Uhr schließt das Museum?

　質問は「博物館は何時に閉まりますか？」という意味です。博物館の担当者（**A**）の第2発言で「私どもの博物館は11時開館で，18時閉館です」と述べられていることから，博物館は18時に閉まることがわかります。解答用紙にはあらかじめ Es schließt um □□ Uhr. と記載されているため，所定欄に2桁の数字18を記入するのが適切です。正解は **18** です。なお，放送では18（achtzehn）と読み上げられていますが，12時間制に置き替えた **06** も正解です。［正解率 71.45%］

放送　問題**6**:　Wo liegt das Museum?

　質問は「博物館はどこにありますか？」という意味です。博物館に電話をかけている人（**B**）の第2発言での質問「博物館は中央通りにあるのですか？」に対して，博物館の担当者（**A**）は第3発言で「いえいえ。博物館は市場に面しています」と答えています。さらに，博物館の担当者（**A**）は「郵便局と教会の間です」と，より具体的な場所を伝えていますが，解答用紙には前置詞 an と定冠詞 dem の融合形である am を含んだかたちで Es liegt am _____. と記載されているため，博物館が何に面しているのかという位置関係を明らかにさせる必要があります。正解は **Markt** です。なお，解答には Market というつづり間違いが見られました。また，語頭が小文字書きである解答もありました。ドイツ語では，名詞はすべて大文字で書きはじめるという点に注意しましょう。［正解率 55.01%］

放送　問題**7**:　Wie kommt man vom Bahnhof zum Museum?

　質問は「駅から博物館へはどのように行きますか？」という意味です。博物館の担当者（**A**）の第4発言では「5番のバスでお越しください」と述べられています。解答用紙には，Zum Museum kommt man mit dem _____ Nummer 5. と記載されています。「5番」という情報は明記されている一方，交通手段がバスであるということは明記されていません。以上のことから，正解は **Bus** です。なお，解答には Buss などのつづり間違いがあった他，Fuß や Zug のように長母音 u を含んだ別の単語，B から始まる交通手段名 Bahn などが見られました。聞き間違いに注意しましょう。［正解率 52.27%］

放送　問題**8**:　Wie viel kostet eine Karte für Studenten?

　質問は「学生用のチケットは1枚いくらですか？」という意味です。チケットの価格については，博物館の担当者（**A**）の第5発言で具体的に述べられていま

す。学生用のチケットだけでなく，大人用のチケットや子ども用のチケットについても言及されていますが，「学生用は 12 ユーロ」と述べられていることから，解答用紙の Für Studenten kostet eine karte □□ Euro. の空欄には 2 桁の数字 12 を記入するのが適切です。正解は **12** です。［正解率 62.71%］

◇この問題は 16 点満点（配点 4 点×4）で，平均点は 9.67 点でした。

┌─ **第2部** ここがポイント！ ──────────────────
│ ＊単語のつづりは正確に覚えよう！
│ ＊ドイツ語では，名詞は文頭でもそれ以外の位置でも大文字で書きはじめる
│　ことに注意しよう！
└──────────────────────────────

第3部 短い文章の聞き取り

正解 (9) **1**　(10) **4**　(11) **4**

　放送された短いテキストを聞き，その内容を表すのに最も適した絵を「解答の手引き」から選択する問題です。正確な聞き取り能力が求められます。

放送　問題**9**:　Schau mal! Hier ist ein Foto von meinen Haustieren. Ich habe einen Hund und zwei Katzen zu Hause. Auf dem Foto schlafen sie auf dem Sofa.

　内容:　ちょっと見て！ ここに私のペットの写真があるよ。私は家で犬 1 匹と猫 2 匹を飼っているの。写真では，ペットたちはソファーの上で寝ているよ。

　1 匹の犬と 2 匹の猫がソファーの上で寝ている様子が描かれている選択肢**1**が正解です。この問題では，Sofa（ソファー）という語，さらに犬と猫それぞれの数を聞き取ることが重要です。［正解率 94.02%］

放送　問題**10**:　Hast du Hunger? Auf dem Tisch ist noch Kuchen. Du kannst ihn gern essen.

　内容:　きみはお腹が空いているの？ テーブルの上にまだケーキがあるよ。それを食べていいよ。

　皿に乗ったケーキがテーブルの上に置いてある様子が描かれている選択肢**4**が正解です。この問題では，Tisch（テーブル）と Kuchen（ケーキ）という語を聞き取ることが重要です。なお，副詞 gern は，Du kannst ... のような 2 人称主語

を含む表現とともに使われると，聞き手に対する話し手の「私はかまわないので，きみは〜していいよ」という意図を表します。［正解率 81.26%］

放送　問題 **11**:　Lisa, was machst du in den Sommerferien? Ich fahre im August ans Meer. Willst du vielleicht mitkommen?

　内容:　リーザ，夏休みは何をするの？　私は8月に海に行くの。ひょっとして一緒に行きたい？

　8月のカレンダーと海岸が描かれている選択肢 **4** が正解です。August（8月）と Meer（海）という語を聞き取ることが重要です。特に，fahren（乗り物で行く）など移動を表す動詞が用いられている場合は，その行き先を表す前置詞句を注意して聞き取ることが大切です。［正解率 66.21%］

◇この問題は9点満点（配点3点×3）で，平均点は7.25点でした。

┌ **第3部** **ここがポイント！** ─────────────────

＊イラストの違いに関わる数やキーワードを聞き逃さないようにしよう！

＊日頃から日常生活に関わるさまざまな（食べ物，衣服，乗り物，公共施設などを表す）語に触れて語彙力を高めるとともに，その発音も身につけておこう！

└────────────────────────────────

3級

3級 (Grundstufe)
検定基準

■ドイツ語の初級文法全般にわたる知識を前提に，簡
単な会話や文章が理解できる。

■基本的なドイツ語を理解し，ほとんどの身近な場面
に対応できる。
簡単な内容のコラムや記事などの文章を読むことが
できる。
短い文章の内容を聞き，簡単な質問に答え，重要な
語句や数字を書き取ることができる。

■対象は，ドイツ語の授業を約120時間（90分授業で
80回）以上受講しているか，これと同じ程度の学習
経験のある人。

2019 年度 夏期 ドイツ語技能検定試験

3 級

筆記試験　問題

（試験時間　60 分）

> 出題は新しい正書法（単語のつづり方などに関する規則）に従います。解答は新旧いずれの方式でも認めます。

──── 注　　意 ────

■受験票と机の上の受験番号が同じであることを確認してください。
■携帯電話，スマートフォン，スマートウォッチ等の電子機器類は電源を切り，カバン等にしまってください。机の上に置いてはいけません。
■中途退場は認めません。退場は試験放棄となります。

①問題冊子は試験開始の合図があるまで，開いてはいけません。
②問題冊子は表紙・裏表紙を含めて 8 ページあります。
　余白は下書き・メモ用に使ってかまいません。
③試験監督者の指示に従って，解答用紙の所定の欄に，受験番号・氏名を記入してください。
④解答は黒の HB の鉛筆で強めに記入してください。
　書き直す場合には，消しゴムできれいに消してから記入してください。
⑤解答はすべて解答用紙の指定された箇所に記入してください。
⑥記入する数字は，下記の見本に従って書いてください。

■試験が終わっても，指示があるまで席を立たないでください。
■解答用紙は持ち帰ってはいけません。
■この問題冊子の無断転載，無断複製を禁じます。

1 次の (1) ～ (4) の条件にあてはまるものが各組に一つあります。それを下の **1** ～ **4** から選び，その番号を解答欄に記入しなさい。

(1) 下線部の発音が他と異なる。

    1 erfreulich   **2** feucht   **3** schwach   **4** vorsichtig

(2) 下線部にアクセント（強勢）がある。

    1 ankommen   **2** bekommen
    3 mitkommen   **4** zurückkommen

(3) 下線部が短く発音される。

    1 Erlebnis   **2** lebendig   **3** lebhaft   **4** Lebewesen

(4) 問い **A** に対する答え **B** の下線の語のうち，通常最も強調して発音される。

    A: Monika, wann treffen wir uns morgen?
    B: Morgen habe ich am Nachmittag Zeit.

    1 ich   **2** am   **3** Nachmittag   **4** Zeit

2 次の (1) ～ (4) の文で（　　）の中に入れるのに最も適切なものを下の **1** ～ **4** から選び，その番号を解答欄に記入しなさい。

(1) Ich sitze unter einem Baum und lese (　　) Ruhe ein Buch.

    1 auf   **2** in   **3** um   **4** zu

(2) Nächstes Jahr wird unser Sohn sieben Jahre alt und kommt (　　) die Schule.

    1 hinter   **2** in   **3** über   **4** um

(3) Wir suchen ein Doppelzimmer (　　) zwei Nächte.

    1 auf   **2** für   **3** in   **4** um

(4) Neulich habe ich so eine Nachricht (　　) Internet gefunden.

    1 am   **2** beim   **3** im   **4** unter dem

3 次の (1) ～ (4) の文で (　　) の中に入れるのに最も適切なものを，下の **1** ～ **4** から選び，その番号を解答欄に記入しなさい。

(1) Es ist Zeit, offen über das finanzielle Problem (　　).
　　1 spreche　　**2** sprechen　　**3** spricht　　**4** zu sprechen

(2) (　　) sofort ins Bett, Kinder! Sonst verschlaft ihr morgen.
　　1 Geh　　**2** Gehen　　**3** Gehst　　**4** Geht

(3) Erika (　　) ihren Hund in den Urlaub mitgenommen.
　　1 hat　　**2** ist　　**3** will　　**4** wird

(4) Das Auto muss sofort repariert (　　).
　　1 werden　　**2** wird　　**3** worden　　**4** zu werden

4 次の (1) ～ (4) の文で (　　) の中に入れるのに最も適切なものを，下の **1** ～ **4** から選び，その番号を解答欄に記入しなさい。

(1) Zum Geburtstag gratuliere ich (　　) herzlich.
　　1 du　　**2** dir　　**3** dich　　**4** mich

(2) Wie heißt das große Tier, (　　) wir gestern im Zoo gesehen haben?
　　1 das　　**2** dem　　**3** dessen　　**4** die

(3) Wir machen am Wochenende eine kleine Reise. (　　) will mitkommen?
　　1 Wer　　**2** Wessen　　**3** Wem　　**4** Wen

(4) (　　) wir nicht viel Geld hatten, gingen wir trotzdem in ein teures Restaurant.
　　1 Aber　　**2** Dass　　**3** Obwohl　　**4** Seitdem

5 次の (1) ～ (4) の文で ( ) の中に入れるのに最も適切なものを，下の **1** ～ **4** から
選び，その番号を解答欄に記入しなさい。

(1) Walter ist als Deutschlehrer an der Uni ( ).
    1 ähnlich   **2** nämlich   **3** tätig   **4** völlig

(2) Wir müssen immer ( ) unsere Gesundheit achten.
    1 auf   **2** durch   **3** für   **4** um

(3) Am Sonntag ( ) wir einen Ausflug.
    1 essen   **2** kaufen   **3** machen   **4** sehen

(4) Abends trinke ich weder Kaffee ( ) Tee.
    1 auch   **2** doch   **3** noch   **4** oder

6 次の文章は，沖縄に留学中の Bianca が，友人のハルカに宛てたメールです。この
メールを読んで，(1) ～ (3) の問いに答えなさい。

Von: Bianca Schmidt
An: Haruka Maeda
Betreff: Grüße aus Okinawa
Datum: 22. Januar 2018

Liebe Haruka,

wie geht es dir? Ich hoffe, es ist alles gut bei dir in Tokio. Vielen Dank für
deine E-Mail. Ich danke dir auch noch dafür, dass du mich in Okinawa
besucht hast. Das war eine tolle Zeit. Ich lebe sehr gern hier. In Tokio liegt
die Temperatur heute ja bei minus 2 Grad. Hier in Okinawa ist es schon sehr
warm. Wir haben um die 20 Grad und sehr schönes Wetter. Und die
Kirschblüte fängt schon an.
    Ich forsche immer noch intensiv. Ich sitze viel am (**A**), aber mache
auch viel Feldforschung. Ich habe schon genug Daten.

Ich muss dir leider mitteilen, (B)dass ich bald Okinawa verlassen werde. Ab April besuche ich wieder die Uni Hamburg, um meine Doktorarbeit zu schreiben. Ich bleibe voraussichtlich für ein Jahr dort.

Bevor ich nach Hamburg fliege, bin ich vom 15. bis 20. März in Tokio. Ich würde mich freuen, wenn wir uns dann wieder treffen könnten.

Viele Grüße

Bianca

(1) 空欄（ **A** ）に入れるのに，最もふさわしい語を次の **1** ～ **4** から選び，その番号を解答欄に記入しなさい。

1 Bücherregal   2 Fernseher

3 Schreibtisch   4 Sofa

(2) 下線部 (**B**) を言い換えた時に，最も近い意味になるものを次の **1** ～ **3** から選び，その番号を解答欄に記入しなさい。

1 dass ich bald nicht mehr in Okinawa wohne.

2 dass ich noch in Okinawa bleibe.

3 dass ich so bald wie möglich nach Okinawa fliege.

(3) 本文全体の内容に合うものを下の **1** ～ **5** から二つ選び，その番号を解答欄に記入しなさい。ただし，番号の順序は問いません。

1 Haruka möchte Bianca einmal in Okinawa besuchen, weil sie noch nie dort war.

2 In Tokio ist es noch kalt, während es in Okinawa schon warm ist.

3 Weil Bianca noch nicht genug Forschungsdaten hat, bleibt sie noch ein Jahr in Okinawa.

4 Wegen der Doktorarbeit wird Bianca bald von Okinawa nach Hamburg umziehen.

5 Bevor Bianca nach Hamburg fliegt, möchte sie Haruka in Okinawa treffen.

7 以下は，ある会社内での Huber さんと Kleinert さんの会話です。会話が完成するように，空欄（ **a** ）〜（ **e** ）の中に入れるのに最も適切なものを，下の **1** 〜 **8** から選び，その番号を解答欄に記入しなさい。

Herr Huber:	Guten Morgen, Frau Kleinert. Ich muss mit Ihnen sprechen.
Frau Kleinert:	Guten Morgen, Herr Huber. （ **a** ）
Herr Huber:	Frau Vogt, unsere Kollegin, hat mir gestern plötzlich gesagt, dass sie ihre Arbeit aufgeben möchte.
Frau Kleinert:	Aber warum? Mag sie die Marketing-Abteilung nicht?
Herr Huber:	Doch, die Arbeit selbst macht ihr Spaß. （ **b** ） Die beiden streiten oft.
Frau Kleinert:	Die Zusammenarbeit mit anderen Leuten ist immer schwierig. （ **c** ）
Herr Huber:	Nein, noch nicht. Aber heute will sie es schriftlich mitteilen, so sagte sie.
Frau Kleinert:	Wenn sie nur mit ihrem Chef unzufrieden ist, dann habe ich eine Idee. （ **d** ）
Herr Huber:	Na ja, aber sie möchte unbedingt bei der Arbeit ihre Englischkenntnisse benutzen.
Frau Kleinert:	Englisch braucht man ja fast überall in unserer Firma. Wir müssen mit ihrem Chef sprechen und versuchen, für sie eine Stelle in einer anderen Abteilung zu finden. （ **e** ）
Herr Huber:	Das stimmt.

1　Aber sie hat wahrscheinlich Probleme mit dem Chef ihrer Abteilung.

2　Und ich finde keine konkreten Gründe für ihren Arbeitswechsel.

3　Was ist denn los?

4　Es wäre einfach schade, eine Kollegin mit so viel Erfahrung zu verlieren.

5　Hatten Sie auch oft Streit mit Ihrem Chef?

6　Sie könnte zum Beispiel in einer anderen Abteilung arbeiten.

7　Hat sie sich schon offiziell dazu geäußert, dass sie weggeht?

8　Nein, aber sie möchte noch mehr verdienen.

8 アスパラガス (Spargel) に関する次の文章を読んで、内容に合うものを下の **1** ～ **8** から四つ選び、その番号を解答欄に記入しなさい。ただし、番号の順序は問いません。

Beelitz in Brandenburg ist eine Spargelstadt. Seit 1998 gibt es dort ein Spargelmuseum. Dort zeigt man nicht nur die Geschichte des Spargels, sondern auch alles, was dieses Gemüse betrifft, wie zum Beispiel Spargelmesser und -korb.

Es gibt noch manche andere Spargelstädte, wie Schwetzingen oder Nienburg. Es gibt sogar ein paar Spargelstraßen in ganz Deutschland. So sehr lieben die Deutschen Spargel.

In Deutschland wird weißer Spargel als „heiliges Gemüse", oder „weißes Gold" bezeichnet. Deutsche essen am liebsten weißen Spargel. In der Spargelzeit, die im April beginnt, wird auf der Speisekarte jedes Restaurants frischer deutscher Spargel angeboten. Man isst ihn mit Sauce Hollandaise* und trinkt gern Weißwein dazu.

Weißer Spargel muss geschnitten werden, bevor er das Sonnenlicht erreicht. Jeder Spargel muss einzeln geschnitten werden, daher braucht man viel Zeit und viele Arbeiter in einer bestimmten Jahreszeit. Nicht nur Deutsche, aber auch tausende Ausländer, vor allem aus Rumänien und Polen, arbeiten für weißen Spargel.

Die Spargelzeit ist vorbei, sobald die ersten Kirschen rot geworden sind, so sagt man in Deutschland. Die Spargelzeit endet traditionell am Johannistag, das heißt am 24. Juni. Warum ist sie so kurz? Der Grund ist: Danach muss sich die Spargelpflanze bis zum nächsten Jahr erholen. Dazu habe Johann Wolfgang von Goethe gesagt: „Der Spargel ist wahrscheinlich der König aller Gemüse" und habe bedauert, dass die Spargelzeit so kurz ist.

*Sauce Hollandaise: オランデーズソース（バターや卵黄を使ったソース）

1 ブランデンブルク州のベーリッツにあるアスパラガス博物館には、アスパラガスに関わるあらゆるものが展示されている。
2 ドイツにはアスパラガス街道と言われる街道がいくつかある。
3 白アスパラガスは貴重であるため、認定されたレストランでのみ提供される。
4 アスパラガスの収穫は重労働であるため、一年中外国人の労働力を必要とする。
5 ドイツでは白アスパラガスは「聖なる野菜」と称されている。
6 ドイツでは一年中、新鮮な白アスパラガスが収穫される。
7 かつては、サクランボが赤くなると同時にアスパラガスの収穫時期がやってくると言われていた。
8 ドイツでは、白アスパラガスの旬の時期は、6月24日の聖ヨハネの日まで、と言われている。

3級

2019年度 夏期 ドイツ語技能検定試験

筆記試験 解答用紙

受　験　番　号	氏　　　名
1 9 S	

手書き数字見本

曲げない　すきまを開ける　上につき出す　角をつける　閉じる
0 1 2 3 4 5 6 7 8 9
横線つけない　角をつける　閉じる

1 (1) ☐ (2) ☐ (3) ☐ (4) ☐

2 (1) ☐ (2) ☐ (3) ☐ (4) ☐

3 (1) ☐ (2) ☐ (3) ☐ (4) ☐

4 (1) ☐ (2) ☐ (3) ☐ (4) ☐

5 (1) ☐ (2) ☐ (3) ☐ (4) ☐

6 (1) ☐ (2) ☐ (3) ☐

7 a ☐ b ☐ c ☐ d ☐ e ☐

8 ☐ ☐ ☐ ☐

2019年度 夏期 ドイツ語技能検定試験

3級

聞き取り試験 解答の手引き

（試験時間 約25分）

出題は新しい正書法（単語のつづり方などに関する規則）に従います。解答は新旧いずれの方式でも認めます。

────── 注 意 ──────

■受験票と机の上の受験番号が同じであることを確認してください。

■携帯電話，スマートフォン，スマートウォッチ等の電子機器類は電源を切り，カバン等にしまってください。机の上に置いてはいけません。

■中途退場は認めません。

①指示があるまでページを開いてはいけません。

②聞き取り試験は3部から成り立っています。

③試験監督者の指示に従って，解答用紙の所定の欄に，受験番号・氏名を記入してください。

④放送の指示でページを開き，解答のしかたをよく読んでください。

⑤解答は黒のHBの鉛筆で強めに記入してください。

　書き直す場合には，消しゴムできれいに消してから記入してください。

⑥**解答はすべて試験時間内に解答用紙の指定された箇所に記入してください。**

⑦記入する数字は，下記の見本に従って書いてください。

⑧アルファベットは大文字と小文字の判別ができるようにはっきりと書いてください。

　■試験が終わっても，指示があるまで席を立たないでください。

　■解答用紙は持ち帰ってはいけません。

　■この問題冊子の無断転載，無断複製を禁じます。

第 1 部　Erster Teil

1. 第 1 部は問題 (**1**) から (**3**) まであります。
2. ドイツ語の短い会話を 2 回放送します。
3. 設問の答えとして最も適切なものを選択肢 **1** ～ **4** から一つ選び，その番号を<u>解答</u><u>用紙の所定の欄に記入してください。</u>
4. メモは自由にとってかまいません。

(**1**)　Um wie viel Uhr sehen die zwei den Film?

    1　Sie sehen den Film um 11.30 Uhr am Samstag.

    2　Sie sehen den Film um 11.30 Uhr am Sonntag.

    3　Sie sehen den Film um 18.15 Uhr am Samstag.

    4　Sie sehen den Film um 18.15 Uhr am Sonntag.

(**2**)　Warum kaufen die beiden das Bild nicht?

    1　Es ist zu hell.

    2　Es ist zu groß für die Wohnung.

    3　Das Krokodil sieht gefährlich aus.

    4　Es ist zu teuer für sie.

(**3**)　Was soll der Mann als Erstes machen?

    1　Er soll das Büro der Bahn anrufen.

    2　Er soll die Polizei anrufen.

    3　Er soll eine neue Tasche kaufen.

    4　Er soll in die Bibliothek gehen.

B

CD 7

第 2 部　Zweiter Teil

1. 第 2 部は，問題 (**4**) から (**6**) まであります。
2. まずドイツ語の文章を放送します。
3. 次に，内容についての質問を読みます。間隔を置いてもう一度放送します。
4. 質問に対する答えとして最も適した絵をそれぞれ **1** ～ **3** から選び，その番号を<u>解</u><u>答用紙の所定の欄に記入してください。</u>
5. 以下，同じ要領で問題 (**6**) まで順次進みます。
6. 最後に，問題 (**4**) から (**6**) までの文章と質問をもう一度通して放送します。
7. メモは自由にとってかまいません。

（4）

1   2   3

（5）

1   2   3

（6）

1   2   3

B
CD 8

第 3 部 　 Dritter Teil

1. 第 3 部は，問題（**7**）から（**10**）まであります。
2. まずドイツ語の会話を放送します。それに続き，この会話の内容に関する質問
   （**7**）〜（**10**）を読みます。
3. そのあと，約 30 秒の間をおいてから，同じ会話をもう一度放送します。
4. 次に質問（**7**）〜（**10**）をもう一度読みます。
5. 質問に対する答えとして，（**9**）には算用数字を，（**7**）（**8**）（**10**）には適切な一語を
   解答用紙の所定の欄に記入してください。なお，単語は大文字と小文字をはっき
   り区別して書いてください。
6. メモは自由にとってかまいません。
7. 質問（**10**）の放送のあと，およそ 1 分後に試験終了のアナウンスがあります。試験
   監督者が解答用紙を集め終わるまで席を離れないでください。

（**7**）　Er hat sein Auto _____.

（**8**）　Er fährt zwei _____ in der Woche Auto.

（**9**）　Beim Carsharing kostet es □□ Cent pro Minute.

（**10**）　Er kann sich endlich ein gutes _____ kaufen.

3級

2019年度 夏期 ドイツ語技能検定試験

聞き取り試験 解答用紙

受　験　番　号	氏　　名
1 9 S	

手書き数字見本

0 1 2 3 4 5 6 7 8 9

曲げない　手さきを開ける　よこにつき出す　角をつける　閉じる
横線つけない　角をつける　閉じる

【第 1 部】

(1)		(2)		(3)	

【第 2 部】

(4)		(5)		(6)	

【第 3 部】

(7) Er hat sein Auto ＿＿＿＿＿＿＿＿＿＿ .

採点欄

(8) Er fährt zwei ＿＿＿＿＿＿＿＿＿ in der Woche Auto .

採点欄

(9) Beim Carsharing kostet es ☐☐ Cent pro Minute .

(10) Er kann sich endlich ein gutes ＿＿＿＿＿＿＿＿ kaufen .

採点欄

— 142 —

夏期 《3級》 ヒントと正解

【筆 記 試 験】

1 発音とアクセント

正解 (1) 3　(2) 2　(3) 2　(4) 3

　発音やアクセントの位置，母音の長短などに関する問題です。発音の基本的な規則を覚える他，語の構成に関する理解を深め，外来語などの例外に対応できるようにしておくことが重要です。

　(1) 子音字 ch の発音に関する問題です。ch の前に a, o, u, au がある語では，ch の発音は喉の奥を擦る [x] に，それ以外の文字があるときは，通常は ich の ch のような [ç] です。選択肢 1 から選択肢 4 では ch の前にあるのは，それぞれ i, eu, a, i です。したがって，ch は選択肢 1，選択肢 2，選択肢 4 では [ç] と発音され，選択肢 3 では [x] と発音されます。選択肢 3 だけ下線部の発音が他と異なることから，正解は選択肢 3 です。選択肢 1 から選択肢 4 までの語の意味は順に「好ましい」，「湿った」，「弱い」，「慎重な」です。[正解率 82.42%]

　(2) 語のアクセントの位置に関する問題です。ドイツ語では，語は原則として最初の母音にアクセントがありますが，外来語や語頭が前つづりである語に関しては注意が必要です。分離動詞を作る前つづりを持つ語はその前つづりの母音にアクセントがあります。反対に be- や ge- などのように非分離動詞を作る前つづりにはアクセントがありません。問題では，選択肢の語はすべて kommen に前つづりが付いた複合語です。選択肢 1 の ankommen，選択肢 3 の mitkommen，選択肢 4 の zurückkommen は分離動詞である一方，選択肢 2 の bekommen は be- を前つづりとする非分離動詞です。下線部にアクセントがあるのは選択肢 2 だけであることから，正解は選択肢 2 です。選択肢 1 から選択肢 4 までの意味は順に「到着する」，「もらう」，「一緒に来る」，「帰って来る」です。[正解率 83.32%]

　(3) 母音の長短を問う問題です。外来語などの場合には例外があるものの，一般にドイツ語の語では，アクセントのある母音は子音字一つの前では長く，子音

字二つ以上の前では短く発音されます。問題では leb という文字列における母音 e の長短を見分けることが求められており、四つの選択肢の中には上記の原則が当てはまらない語が含まれています。選択肢 1 から選択肢 4 までのうちで下線部にアクセントがあるのは選択肢 1、選択肢 3、選択肢 4 です。選択肢 4 の Lebe-wesen では下線部の e の後の子音字は一つで、e は長く発音されます。選択肢 3 の -haft は形容詞を作る接辞で、一般にその前にある要素はもとの発音を保ちます。leb の e の後に続く子音字は一つであり、e は長く発音され、leb 全体は [le:p] と発音されます。また、選択肢 1 の -nis は中性名詞や女性名詞を作る接辞で、その前にある Erleb の下線部 e は、後に続く子音字が一つであり、長く発音されます。選択肢 2 の lebendig の発音には特に注意が必要です。アクセントは二つ目の e にあり、この語の二つの e はともに短く発音されます。したがって、正解は選択肢 2 です。選択肢 1 を選んだ解答が 36.15%、選択肢 3 を選んだ解答が 37.58% ありました。選択肢 1 から選択肢 4 までの語の意味は、順に「体験」、「生きている」、「生き生きした」、「生き物」です。[正解率 11.09%]

(4) 文の中で強調して発音される語を問う問題です。一般的に、文中では最も重要な情報を担う要素が強調されます。A は「モーニカ、明日僕たちはいつ会おうか?」と尋ねています。これに対して B は「明日は私は午後なら時間があるわ」と答えています。これは「午後」なら会うことができるということを意味しており、A の質問の核心部である、明日のうちの「いつ」に対応します。したがって、B の下線部のうち最も重要な情報にあたる「午後」が強調して発音されることから、選択肢 3 が正解です。[正解率 96.83%]

◇この問題は 12 点満点 (配点 3 点×4) で、平均点は 8.21 点でした。

┏━**1** **ここがポイント!**━━━━━━━━━━━━━━━━━━
＊ch の発音の原則を正確に覚えよう!
＊外来語や分離前つづり・非分離前つづりがある語に関しては、アクセントの位置に注意しよう!

2 前置詞

正解 (1) 2　　(2) 2　　(3) 2　　(4) 3

前置詞に関する問題です。前置詞は、時間や場所などさまざまな関係を表しま

す。また，特定の動詞や形容詞と結びつく前置詞もあります。

（**1**）問題文の名詞 Ruhe は in と結びつき，in Ruhe 全体で「落ち着いて，ゆっくりと」という意味を表します。一方，hinter, über, um に Ruhe と結びつく用法はありません。したがって，正解は選択肢 **2** です。問題文は「私は木の下に座って，落ち着いて本を読んでいます」という意味です。なお，選択肢 **1** を選んだ解答が 33.51% ありました。[正解率 31.70%]

（**2**）問題文の動詞 kommen と名詞 Schule は，in die Schule kommen というまとまりで「学校に上がる，就学する」という意味を表します。正解は選択肢 **2** です。問題文は「来年私たちの息子は 7 歳になり，学校に上がります」という意味です。選択肢 **1** の hinter（～の後ろへ），選択肢 **3** の über（～の上方へ），選択肢 **4** の um（～の周りを）も，選択肢 **2** の in と同様に 4 格支配が可能な前置詞であり，その点では 4 格名詞 die Schule の直前にあたる空欄に入れることはできますが，それぞれが表す移動と問題文前半が表す「来年私たちの息子は 7 歳になり」との間に自然な意味関係が成り立ちません。[正解率 68.68%]

（**3**）問題文は，使用されている語句から「私たちは，2 泊分のダブルルームを 1 室探しています」という意味であると予想されます。予定されている期間を表す場合は，前置詞 für を用います。したがって，正解は選択肢 **2** です。[正解率 67.77%]

（**4**）「インターネットで」という意味は，一般的に im Internet という前置詞句で表します。したがって，正解は選択肢 **3** です。問題文は「最近私はこんなニュースをインターネットで見つけました」という意味です。選択肢 **1**，選択肢 **2** を選んだ解答がそれぞれ 22.42%，30.87% ありました。[正解率 37.13%]

◇この問題は 12 点満点（配点 3 点×4）で，平均点は 6.16 点でした。

2 **ここがポイント！**
＊in Ruhe や im Internet のように，慣用的な前置詞表現を身につけていこう！
＊前置詞ごとにその意味と格支配を正確に覚えよう！

❸ 動詞と助動詞（zu 不定詞句・命令文・完了形・受動文）

正解 （1）4　　（2）4　　（3）1　　（4）1

　動詞や助動詞に関する問題です。zu 不定詞句，命令文，完了形，受動文における語形が問われています。

　（1）問題文前半部の Es ist Zeit は「その時だ」「時が来た」という意味の表現です。空欄を含めた後半部はおおよそ「金銭的な問題について率直に（　　）」という意味であり，前半部の Zeit（時）に関して，何をどうする時なのかということを補足しているものと予想されます。そうした修飾関係は zu 不定詞句を用いて表すことができます。したがって，正解は選択肢 4 です。問題文は「金銭的な問題について率直に話す時だ」という意味です。［正解率 75.02%］

　（2）問題文全体は二つの文で構成されています。第 1 文のうち空欄を除いた部分には動詞がないこと，第 1 文は感嘆符（！）で締められていることから，空欄には動詞が入り，第 1 文全体が命令文であるということがわかります。注意すべき点として，第 1 文では Kinder（子どもたち）と呼びかけており，さらに第 2 文では ihr（きみたち）という主語が用いられています。このことから，ihr に対する命令文を作る必要があります。したがって，正解は選択肢 4 です。問題文は「子どもたち，すぐにベッドに入りなさい！ さもないと明日寝過ごすよ」という意味です。なお，選択肢 1 を選んだ解答が 29.36% ありました。［正解率 50.57%］

　（3）問題文の末尾にある mitgenommen は，動詞 mitnehmen（連れて行く）の過去分詞形です。空欄の直後にある ihren Hund（彼女の犬）全体は男性 4 格であることから，問題文は Erika を主語とする能動文であり，さらに過去分詞が含まれていることから，完了時制であることがわかります。また，mitnehmen は他動詞であるため，完了の助動詞 haben を主語 Erika に一致させた変化形を用いる必要があります。正解は選択肢 1 です。問題文は「エーリカは彼女の犬を休暇旅行に連れて行った」という意味です。［正解率 65.06%］

　（4）問題文には，語法の助動詞 müssen を主語 das Auto に一致させた変化形 muss が含まれています。語法の助動詞を含んだ文では，主に本動詞の不定詞形が文末に置かれます。したがって，正解は選択肢 1 の werden です。ただし，問題文には述語に相当する形容詞や名詞がありません。したがって，werden は「〜

— 146 —

になる」を意味する本動詞ではなく，助動詞であると予想されます。さらに空欄の直前の repariert を動詞 reparieren（修理する）の過去分詞形だとみなした場合には，「修理される」という意味の受動表現 repariert werden が成り立ちます。つまり，文末の werden は受動文の助動詞に相当します。問題文は「その車はただちに修理されねばならない」という意味です。［正解率 72.45%］

◇この問題は 12 点満点（配点 3 点×4）で，平均点は 7.89 点でした。

③ ここがポイント！

＊動詞ごとに適切な完了の助動詞を選択しよう！
＊命令文では，話しかける相手が du か，ihr か，Sie かに応じて適切な形の動詞を使おう！
＊話法の助動詞を含んだ受動文の作り方に注意しよう！

④ 代名詞・関係代名詞・疑問詞・接続詞

正解 (1) **2** (2) **1** (3) **1** (4) **3**

代名詞，関係代名詞，疑問詞，接続詞に関する問題です。

(1) 適切な代名詞を選択する問題です。問題文の動詞 gratulieren は，jm zu et³ gratulieren というまとまりで「～に～のお祝いを言う」を意味します。主語 ich と前置詞句 zum Geburtstag はすでに文中にあることから空欄には 3 格目的語が入ります。四つの選択肢のうちで 3 格表現は dir だけです。したがって，選択肢 **2** が正解です。問題文は「私はきみに心から誕生日のお祝いを言うよ」という意味です。選択肢 **3** の mich（4 格）を選んだ解答が 44.91% ありましたが，gratulieren は自動詞であり，4 格目的語はとりません。［正解率 32.91%］

(2) 適切な関係代名詞を選択する問題です。問題文の前半部は「あの大きな動物は何という名前ですか」という意味です。後半部では主格 wir に対応する完了の助動詞 haben が後置されていることから，空欄には従属文を導く語が入るものと予想され，しかも四つの選択肢からは，それが関係代名詞であることがわかります。適切な関係代名詞を選ぶには，先行詞の性と数，また関係文中での関係代名詞の役割を把握することが重要です。関係文中の動詞 sehen は 4 格目的語をとる他動詞であり，また，その主語は wir です。したがって，空欄には 4 格の関係

代名詞が入ります。四つの選択肢のうちで 4 格の関係代名詞に相当するのは選択肢 1 の das と選択肢 4 の die であり，先行詞 Tier の前に das という定冠詞があることから，Tier は中性名詞であることがわかります。したがって，選択肢 1 が正解です。問題文は「私たちが昨日動物園で見た，あの大きな動物は何という名前ですか？」という意味です。［正解率 67.40%］

(3) 適切な疑問詞を選択する問題です。選択肢 1 の wer は「誰が」，選択肢 2 の wessen は「誰の」，選択肢 3 の wem は「誰に」，選択肢 4 の wen は「誰を」という意味です。空欄の後に続くのは話法の助動詞 wollen の変化形 will，動詞 mitkommen のみである一方，主語にあたる表現はないことから，空欄には主語が入ります。四つの選択肢のうちで主語として用いることができるのは wer であることから，正解は選択肢 1 です。問題文は，直訳的には「私たちは週末に小旅行をします。誰が一緒に来るつもりですか？」という意味です。選択肢 3 の wem を選んだ解答が 20.68% ありましたが，仮に wem を空欄に入れた場合は，助動詞 will に対応する主語がないことになり，文が成立しません。したがって，選択肢 3 は空欄には適しません。［正解率 61.13%］

(4) 適切な接続詞を選択する問題です。問題文は「私たちはあまりお金を持っていなかった（　　），私たちは高いレストランに入った」という意味です。選択肢 1 の aber は「しかし」，選択肢 2 の dass は「〜ということ」，選択肢 3 の obwohl は「〜にもかかわらず」，4 の seitdem は「〜以来」という意味です。問題文の冒頭からコンマまでの部分は，その末尾に定動詞 hatten が置かれていることから，従属文だとわかります。したがって，空欄には従属接続詞が入ります。選択肢 1 は並列接続詞であり，従属文を導く働きがないため，空欄には適しません。残りの三つはどれも従属接続詞ですが，仮に選択肢 2 を選んだ場合，dass 文には Dass..., ist schön のような主語としての役割も Dass..., weiß ich. のような目的語としての役割も認められず，文法的に正しい表現が成り立ちません。また選択肢 4 も空欄には適しません。seitdem を用いるのは，主文が継続的な状況を表す場合に限られます。そのため，「私たちは高いレストランに入った」のような 1 回の出来事を表す主文と seitdem は整合しません。一方，選択肢 3 を選んだ場合，「私たちはあまりお金を持っていなかったにもかかわらず，高いレストランに入った」という自然な意味の文が成立します。したがって正解は選択肢 3 です。なお，選択肢 1 を選んだ解答が 11.85% ありました。［正解率 68.83%］

◇この問題は 12 点満点（配点 3 点×4）で，平均点は 6.91 点でした。

---

4 ここがポイント！

＊接続詞ごとに，後続する文における動詞の位置が異なることに注意しよう！

＊動詞ごとに格支配や前置詞句との結びつきを正しく覚えよう！

---

5 語彙（副詞・慣用的表現）

正解 **(1)** 3   **(2)** 1   **(3)** 3   **(4)** 3

　副詞や慣用表現に関する問題です。語彙力が問われます。

(1) 問題文には動詞 sein があることから，この動詞との組み合わせで述語をなす語を選ぶ必要があるものと予想されます。選択肢 **2** の nämlich（すなわち）は先行する文との接続関係を表す副詞であり，述語として用いることはできません。選択肢 **4** の völlig（まったく）も副詞であり，述語として用いることはできません。選択肢 **1** の ähnlich（～に似ている）は，3 格目的語をとる形容詞であり，述語として用いることができますが，問題文には 3 格目的語に相当する表現がないことから，選択肢 **1** は空欄には適しません。選択肢 **3** の tätig（働いている）は述語として用いることが可能です。また，als Deutschlehrer（ドイツ語教師として）は，職業を表す句として理解することが可能です。以上のことから，正解は選択肢 **3** です。問題文は「ヴァルターはドイツ語教師として大学で働いている」という意味です。なお，選択肢 **2** を選んだ解答が 42.42% ありました。［正解率 25.58%］

(2) 問題文では動詞 achten が用いられています。achten は 4 格支配の前置詞 auf と結びつき，auf et⁴ achten で「～に注意を払う」を意味します。したがって，正解は選択肢 **1** です。問題文は「私たちは常に自分の健康に注意を払わなければならない」という意味です。achten には選択肢 **3** の für と組み合わせた et⁴ für ... achten（～を…と思う）という用法もありますが，その場合は例えば Lukas achtet Sebastian für den besten Freund von ihm.（ルーカスはゼバスティアンを最良の友人と思っている）のように，4 格目的語を必要とするため，この問題文の空欄には適しません。なお，選択肢 **3** を選んだ解答が 32.00% ありました。［正解率 47.25%］

(3) 名詞 Ausflug（遠足）との組み合わせでひとまとまりの句をなす動詞を選

ぶ問題です。Ausflug は machen との結びつきが強く，einen Ausflug machen 全体で「遠足に行く」を意味します。正解は選択肢 **3** です。問題文は「日曜日に私たちは遠足に行く」という意味です。なお，選択肢 **4** の sehen を選んだ解答が 26.34% ありました。［正解率 57.21%］

(4) 語と語を並列につなぐ相関的接続詞に関する問題です。問題文で用いられている weder は noch と呼応し，weder ～ noch... で「～も ... もない」を意味します。したがって，選択肢 **3** が正解です。問題文は「私は晩にはコーヒーも紅茶も飲みません」という意味です。選択肢 **4** の oder を選んだ解答が 51.25% ありましたが，oder と weder を組み合わせた用法はありません。ちなみに，oder は entweder と呼応し，entweder ～ oder... で「～か，もしくは…」を意味します。［正解率 33.81%］

◇この問題は 12 点満点（配点 3 点×4）で，平均点は 4.92 点でした。

┌─ **5** **ここがポイント！** ─────────────────
│ ＊動詞を覚えるときには，その意味だけでなく，特定の名詞や前置詞句との
│ 　組み合わせにも注意しよう！
│ ＊weder ～ noch ... のような相関的接続詞を使いこなせるようになろう！
└──────────────────────────────

6 手紙文理解

正解 （1） **3**　　（2） **1**　　（3） **2, 4**（順序は問いません）

電子メールの文面を読み，内容が理解できるかどうかを問う問題です。ドイツ語の電子メールには手紙に準じた独自の形式があります。

発信者: ビアンカ・シュミット
宛先: ハルカ・マエダ
件名: 沖縄よりご挨拶
日付: 2018 年 1 月 22 日

親愛なるハルカ

　元気ですか？ 東京であなたがすべてうまくいっていることを願っています。メールをどうもありがとう。あなたが沖縄に私を訪ねてくれたことにも感謝し

ています。あれは素敵な時間でした。私はここで暮らすのが大好きです。東京
では今日の気温はマイナス2度ですってね。ここ沖縄はすでに，とても暖かい
です。気温は20度くらいで，とてもいい天気です。そして桜の季節がもう始
まっています。

　私はまだ研究に専念しています。私は長時間（**A**）に座っているけれど，野外
調査もたくさん行っています。すでに研究データを十分に持っています。

　残念ながら，(**B**)私はもうすぐ沖縄を去る予定であることをあなたに知らせな
ければなりません。4月からは，博士論文を書くために再びハンブルク大学に
通います。予定では1年間そこに滞在します。

　ハンブルクに飛ぶ前に，3月15日から20日まで東京にいます。もしその時
に再会できたら嬉しいです。

敬具

ビアンカ

　この電子メールは，沖縄に滞在中のビアンカ・シュミットがマエダハルカとい
う友人に送ったものです。問題では，文意に即した語を選択できるかどうか，話
の流れを理解しているかどうかが問われています。

　（1）は，空欄（**A**）に適切な名詞を入れる問題です。テキスト全体の流れや空欄
を含む文とその前後の文との関係を把握することが重要です。空欄を含む文の直
前の文では「私はまだ研究に専念しています」と述べられており，空欄を含む文
では動詞 sitzen（座っている）が用いられています。さらに，接続詞 aber（しか
し）を介して「野外調査もたくさん行っています」という文が続いていることか
ら，空欄（**A**）には屋内における研究作業と関連する語が入るものと想定できます。
選択肢**1**の Bücherregal は「本棚」，選択肢**2**の Fernseher は「テレビ」，選択
肢**3**の Schreibtisch は「書き物机」，選択肢**4**の Sofa は「ソファー」という意
味です。いずれも家具ではあるものの，読み手に違和感を与えることなく，研究
に専念している様子を伝える上で最も自然なのは，書き物机に向かって座ってい
る状況であることから，正解は選択肢**3**です。am Tisch sitzen は「机に向かっ
て座る」という意味です。なお，選択肢**4**の Sofa を選んだ解答が 38.42% あり
ました。もし「ソファーに座る」場合は前置詞 auf を用いて auf dem Sofa sitzen
と表現することに注意して下さい。［正解率 43.47%］

　（2）は下線部（**B**）の置き換えとして最も適切なものを選ぶ問題です。下線部

（**B**）は，「私はもうすぐ沖縄を去る予定であること」という意味です。一方，三つの選択肢の意味は以下の通りです。

   1   私がじきに，沖縄にはもう住まないこと。

   2   私がまだ沖縄にとどまること。

   3   私ができるだけ早い時期に飛行機で沖縄へ行くこと。

  下線部（**B**）では，verlassen（〜を去る）という動詞を用いて，ビアンカが沖縄を去るということが表されています。選択肢 **1** は，「沖縄にはもう住まない」（nicht mehr in Okinawa wohnen）という表現を含んでおり，下線部（**B**）の Okinawa verlassen（沖縄を去る）と類義関係にあります。選択肢 **2** は，bleiben（とどまる）という動詞を含んでおり，下線部（**B**）とは内容的に一致しません。選択肢 **3** は，「沖縄へ」（nach Okinawa）飛行機で移動するという内容であり，下線部（**B**）とは方向性が逆であるため，内容的に合致しません。以上のことから，正解は選択肢 **1** です。［正解率 58.11%］

  （**3**）はテキストの内容に合致する選択肢を選ぶ問題です。選択肢 **1** は「ハルカはまだ沖縄に行ったことがないので，いちど沖縄にビアンカを訪ねたいと思っている」という意味です。電子メールの冒頭でビアンカは，ハルカが沖縄に来てくれたことについてお礼を言っていることから，選択肢 **1** はテキストの内容と一致しません。したがって，選択肢 **1** は不正解です。選択肢 **2** は「東京はまだ寒いのに対し，沖縄はすでに暖かい」という意味です。テキスト第 1 段落の第 3〜5 行でビアンカは東京の気温が零下であることに触れ，さらに，沖縄はすでに暖かく，桜の季節がすでに始まっていると述べています。これは選択肢 **2** の内容と一致しているので，選択肢 **2** は正解です。［正解率 87.47%］選択肢 **3** は「ビアンカはまだ研究データを十分に持っていないので，もう 1 年，沖縄にとどまる」という意味です。第 2 段落の後半でビアンカは，野外調査をたくさん行い，すでに研究データを十分に持っていると書いています。また，第 3 段落第 1 文で，沖縄を去るとも書いています。したがって，選択肢 **3** はテキストの内容とは一致しないので，不正解です。選択肢 **4** は，「博士論文のためにビアンカはまもなく沖縄からハンブルクに引っ越す予定だ」という意味です。ビアンカは第 3 段落で，沖縄を去ってハンブルクに 1 年滞在し博士論文を書くと述べており，これは選択肢 **4** の内容と一致しています。したがって，選択肢 **4** は正解です。［正解率 74.94%］。選択肢 **5** は「ハンブルクに飛ぶ前に，ビアンカは沖縄でハルカに会いたいと思っている」という意味です。最終段落でビアンカは，ハンブルクに飛ぶ前に東京に滞在するので，その際にハルカに会いたいと書いています。したがって，選択肢 **5** は

テキストの内容とは異なり，不正解です。

◇この問題は 12 点満点（配点 3 点×4）で，平均点は 7.92 点でした。

┏━┓ **6 ここがポイント！**
＊電子メール・手紙の形式に慣れよう！
＊発信者と受信者の関係や数値などの重要な情報に注意しよう！

7 会話文理解

正解 (**a**) 3　(**b**) 1　(**c**) 7　(**d**) 6　(**e**) 4

空欄に適切な表現を補い，会話を完成させる問題です。選択肢に挙げられている各表現の意味を正しく理解するだけでなく，空欄ごとに前後の会話の流れを把握し，適切な表現を選ぶ必要があります。

フーバーさん：　おはようございます，クライナートさん。私はあなたとお話ししなくてはいけません。

クライナートさん：おはようございます，フーバーさん。(**a**)

フーバーさん：　私たちの同僚のフォークトさんが，仕事をやめたいと，昨日突然私に言ってきたんです。

クライナートさん：でも，なぜ？ 彼女はマーケティング部門が好きではないのですか？

フーバーさん：　いいえ，仕事自体は楽しんでいます。(**b**) 2 人はよく言い争いをしています。

クライナートさん：他の人と一緒に仕事をするのは，いつも大変ですからね。(**c**)

フーバーさん：　いいえ，まだです。でも彼女は，今日書面でそう伝えるつもりだ，と言っていました。

クライナートさん：彼女の不満が上司に対してだけであるのなら，私には一つアイデアがあります。(**d**)

フーバーさん：　そうですか，でも彼女は自分の英語の知識を何としても仕事で活かしたがっているのです。

クライナートさん：英語は，私たちの会社ではほぼどこでも必要ですよ。私たちは，彼女の上司と話し合って，彼女のために別の部署のポストを見つけようとしなければなりません。(**e**)

フーバーさん：　　　おっしゃる通りです。

1　でも彼女はおそらく，部署の上司との間にトラブルを抱えています。
2　そして，彼女が仕事を替える具体的な理由が見つかりません。
3　いったい何があったのですか？
4　あんなに経験豊富な同僚を失ったら，それはとにかく残念なことです。
5　あなたも，ご自分の上司とよくけんかをしていたのですか？
6　例えば彼女は，別の部署で働くことができるでしょう。
7　彼女はもう，やめると正式に伝えたのでしょうか？
8　いいえ，でも彼女はもっと稼ぎたがっています。

　会話は，フーバーさん（男性）とクライナートさん（女性）の2人の間で展開され，同僚のフォークトさん（女性）が会社をやめたいと話していたことについての対応策が話し合われています。2人の発言を把握しつつ，各選択肢の表現の意味をよく理解し，会話が自然な流れになるよう選択肢を選ぶことが重要です。

　(**a**) まずフーバーさんが，クライナートさんに，話すべきことがあると言います。その後クライナートさんが (**a**) と言います。それに続いてフーバーさんが，同僚のフォークトさんが仕事をやめたいと言ってきた，と具体的な話を続けます。このことから，(**a**) には「いったい何があったのですか？」という質問が入ることがわかります。したがって，(**a**) の正解は選択肢 **3** です。［正解率 88.08%］

　(**b**) フーバーさんは，フォークトさんが仕事自体は楽しんでいる，と語った後で (**b**) と発言し，さらに，2人がよくけんかをしている，と言います。仕事は楽しいがけんかが起きている，つまり人間関係が悪い，という相反的な内容に注意すると，(**b**) には選択肢 **1** の「でも彼女はおそらく，部署の上司との間にトラブルを抱えています」が入るものと推測できます。したがって，(**b**) の正解は選択肢 **1** です。［正解率 65.89%］

　(**c**) 他の人と一緒に仕事をするのは大変だ，に続くクライナートさんの発言 (**c**) に対し，フーバーさんは「いいえ，まだです」と答えますが，「でも彼女は，今日書面でそう伝えるつもりだ，と言っていました」とも言います。つまり (**c**) では，上司とトラブルを抱えたフォークトさんの退職をめぐる質問がなされていると考えられます。このことから，(**c**) には選択肢 **7**「彼女はもう，やめると正式に伝えたのでしょうか？」を入れるのが適切です。したがって，(**c**) の正解は選択肢 **7** です。なお，選択肢 **5** の「あなたも，ご自分の上司とよくけんかをしていたの

ですか?」を選んだ解答が 38.72% ありましたが，これでは「彼女は，今日書面でそう伝えるつもりだ」というフーバーさんの発言とかみ合いません。［正解率 53.96%］

　(d)　私には一つアイデアがある，と言うクライナートさんは，さらに (d) と続けていることから，(d) にはアイデアの具体的な内容が入るものと考えられます。また，これに対しフーバーさんが，フォークトさんは仕事で英語を使いたがっていると指摘することにより，仕事の内容面に言及していることから，クライナートさんはフーバーさんに対してフォークトさんの社内での仕事に関する提案をしたと考えることができます。このことから，(d) には選択肢 6 の「例えば彼女は，別の部署で働くことができるでしょう」が相応しいと考えられます。したがって，(d) の正解は選択肢 6 です。［正解率 40.98%］

　(e)　フォークトさんに別のポストを探そうと提案したクライナートさんは，最後に (e) と発言し，フーバーさんもこれに同意します。そもそも 2 人の会話の中心的な目的は，フォークトさんの退職を回避するための解決策を探ることにあります。こうした流れをもとに (e) に入る選択肢を考えると，選択肢 4「あんなに経験豊富な同僚を失ったら，それはとにかく残念なことです」が適切だとわかります。したがって，(e) の正解は選択肢 4 です。選択肢 4 では接続法第 II 式が用いられ，「もしもフォークトさんがいなくなったら」という仮定の話がされていることに注意してください。選択肢 6 を入れた解答が 20.30% ありましたが，フォークトさんの上司と話し合って，別の部署でポストを探す，という解決策を決めた後で「例えば彼女は別の部署で働くことができるでしょう」と話すのは会話の流れに合わない上に，内容も重複するため，不適切です。［正解率 33.74%］

　この他，選択肢 2「そして，彼女が仕事を替える具体的な理由が見つかりません」は，会話の中で具体的理由が示されていることから，また選択肢 8「いいえ，でも彼女はもっと稼ぎたがっています」は，会話の中で収入が話題になっていないことから，いずれも会話内の空欄に入れるには不適切です。

◇この問題は 15 点満点（配点 3 点×5）で，平均点は 8.48 点でした。

7 ここがポイント！

＊全体の文脈をしっかり読み解いて会話の流れを掴もう！
＊Kollege / Kollegin（同僚），Abteilung（部署，部門），Chef / Chefin（上司），Stelle（役職，ポスト）など，仕事や職業に関する語を着実に覚えていこう！

8 テキスト理解

正解 **1，2，5，8**（順序は問いません）

　一定量のまとまったテキストを読み，内容を正しく理解できるかどうかを問う問題です。このテキストは，試験のために書き下ろされたものです。

内容：

　ブランデンブルク州のベーリッツはアスパラガスの街である。1998年以来，そこにはアスパラガス博物館が存在する。そこにある博物館では，アスパラガスの歴史だけでなく，例えばアスパラガスナイフやアスパラガスかごなど，この野菜に関連するあらゆるものが展示されている。

　シュヴェッツィンゲンやニーンブルクなど，他にもいくつかのアスパラガスの街が存在する。それどころか，ドイツ全土にはアスパラガス街道すらいくつか存在する。それほど，ドイツ人はアスパラガスを愛している。

　ドイツでは，白アスパラガスは，「聖なる野菜」あるいは「白い黄金」と呼ばれている。ドイツ人は白アスパラガスをもっとも好んで食べる。アスパラガスの季節は4月に始まり，この時期になると，どのレストランのメニューにも新鮮なドイツのアスパラガス料理が提供される。白アスパラガスにオランデーズソースをかけて食べ，これに合わせて白ワインを飲むのが好まれる。

　白アスパラガスは，太陽の光に当たる前に刈り取られなければならない。アスパラガスは1本ずつ摘み取られなければならないため，ある決まった時期にはたくさんの時間と労働力が必要とされる。ドイツ人だけではなく，特にルーマニアやポーランドなどからの何千人もの外国人も，白アスパラガスの収穫のために働いている。

　サクランボが赤くなるやいなや白アスパラガスの時期は終わるとドイツでは言われている。アスパラガスの時期は，伝統的に聖ヨハネの日，つまり6月24日に終わる。なぜアスパラガスの時期はこのように短いのだろうか？　その理由

は，このあと翌年の収穫の時期までアスパラガスの根茎が休息しなければならないからである。これについて，ヨハン・ヴォルフガング・フォン・ゲーテは，「アスパラガスはおそらくすべての野菜の王様である」と語り，アスパラガスの時期がこんなにも短いことを残念がったと言われている。

【語彙】 betreffen: 〜に関係する heilig: 聖なる bezeichnen: 〜と呼ぶ
anbieten: 提供する schneiden: 切る erreichen: 到達する einzeln: 個々
の vor allem: とくに vorbei: 過ぎ去って sich⁴ erholen: 休息する bedauern: 残念に思う

テキストの第2〜3文（第1〜4行）に，ベーリッツにアスパラガス博物館があり，そこにはアスパラガスに関連するあらゆるものが展示されていることが書かれています。したがって，選択肢 1 は正解です。［正解率 82.94%］テキスト第4〜5文に，ドイツにはアスパラガスの街だけではなくアスパラガス街道と言われる街道がいくつかあると書かれています。したがって，選択肢 2 は正解です。［正解率 62.11%］選択肢 3 は，テキスト第9〜11行に「この時期になると，どのレストランのメニューにも新鮮なドイツのアスパラガス料理が提供される」と書かれていることから，不正解です。選択肢 4 は，テキスト 14〜15 行に「アスパラガスは 1 本ずつ摘み取られなければならないため，ある決まった時期には（収穫期には）たくさんの時間と労働力が必要とされる」と書かれているので，不正解です。テキスト第3段落の第1文に，ドイツでは白アスパラガスは，「聖なる野菜」，「白い黄金」と呼ばれている，と書かれています。したがって，選択肢 5 は正解です。［正解率 72.15%］選択肢 6 については，テキスト第 19〜20 行に，アスパラガスの時期は伝統的に 6 月 24 日の聖ヨハネの日に終わるが，なぜアスパラガスの季節はこのように短いのだろうかと書かれています。したがって，選択肢 6 はテキストの内容に合致せず不正解です。反対に，選択肢 8 は正解です。［正解率 83.47%］選択肢 7 は，テキスト第5段落の第1文「サクランボが赤くなるやいなや白アスパラガスの時期は終わる」に合致せず，不正解です。

◇この問題は 12 点満点（配点 3 点×4）で，平均点は 9.02 点でした。

8 ここがポイント！

＊長文読解に際しては，キーワードをしっかり把握しよう！
＊歴史や地理の知識は，テキストを読み解く上で重要な手がかりになり得るため，ふだんから積極的に収集しておこう！

【聞き取り試験】

第1部 会話の重要情報の聞き取り

正解 (1) 3　(2) 4　(3) 1

放送される会話を聞き，質問に対する答えとして最も適切な選択肢を選ぶ問題です。会話は2回放送されます。

放送 問題1

A: Wollen wir am Wochenende ins Kino gehen? Ich möchte „Godzilla" sehen.

B: Gute Idee! Wann genau?

A: Der Film wird dieses Wochenende nur zweimal gezeigt. Am Samstag um 18.15 Uhr und am Sonntag um 11.30 Uhr.

B: Ich habe nur Samstagabend Zeit.

A: Ok! Dann treffen wir uns am Samstag!

内容：

A: 週末に映画館に行かないかい？『ゴジラ』を観たいんだ。

B: いい考えだね！　正確にはいつ？

A: その映画は，今週末は2回しか上映されないんだ。土曜日の18時15分と，日曜日の11時30分だよ。

B: 私は土曜日の晩しか時間がないよ。

A: わかった！　それなら土曜日に会おう！

質問文：　Um wie viel Uhr sehen die zwei den Film?

質問文は「2人は何時に映画を観ますか？」という意味です。この問題では，Samstag（土曜日）と um 18.15 Uhr（18時15分に）という語句に注意する必要があります。選択肢 **1** は「彼らは土曜日の11時30分に映画を観る」，選択肢 **2** は「彼らは日曜日の11時30分に映画を観る」，選択肢 **3** は「彼らは土曜日の18時15分に映画を観る」，選択肢 **4** は「彼らは日曜日の18時15分に映画を観る」という意味です。会話の半ばでの男性 **A** の発言から，土曜日は18時15分，日曜日は11時30分しか上映がないことがわかります。そのあと2人は土曜日に観に行くことに決めていることから，選択肢 **3** が正解です。Sonntag（日曜日），

Samstag（土曜日）など，曜日を表す語彙や，Film（映画），Kino（映画館），zeigen（上映する）など映画に関する語彙，時刻表現などをよく覚えておきましょう。［正解率 86.79%］

放送 問題2

A: Wie findest du dieses Bild?

B: Es gefällt mir. Es ist bunt, hell und nicht zu groß. Das Krokodil in der Mitte ist fantastisch!

A: Wollen wir das für unsere Wohnung kaufen?

B: Ach, schau mal, der Preis! Wir haben nicht so viel Geld.

A: Stimmt. Schade.

内容:

A: この絵をどう思う？

B: 気に入ったわ。カラフルだし，明るいし，大きすぎないし。真ん中のワニが素晴らしいわ！

A: 僕たちの家用にこれを買おうか？

B: そんな，見てよ，この値段！ そんなにたくさんのお金は持っていないでしょ。

A: そうだね。残念だ。

質問文: Warum kaufen die beiden das Bild nicht?

　質問文は「2人はなぜ絵を買わないのですか？」という意味です。選択肢 1 は「それは明るすぎる」，選択肢 2 は「それは家には大きすぎる」，選択肢 3 は「ワニが危険そうだ」，選択肢 4 は「それは彼らには高価すぎる」という意味です。女性 B は絵の色彩，明るさ，大きさ，そこに描かれたワニのことは気に入っており，男性 A は自分たちの家に飾るために，その絵を買うことを提案します。しかし，女性は男性に，絵が自分たちには高価すぎると述べ，男性はそれを認めています。以上のことから，正解は選択肢 4 です。hell（明るい），groß（大きい），fantastisch（素晴らしい），gefährlich（危険な），teuer（高価な）など，さまざまな形容詞の意味に注意して，会話の流れを正しく掴みましょう。［正解率 84.91%］

放送 問題3

A: O nein! Ich habe meine Tasche im Zug vergessen.

B: Wirklich? Was war denn drin?

A: Meine Bücher. Die brauche ich für meine Prüfung. Soll ich erst mal die Polizei anrufen?

B: Nein. Ruf zuerst das Büro der Bahn an. Die Bücher kannst du bestimmt aus der Bibliothek ausleihen. Hoffentlich bekommst du nach der Prüfung die Tasche wieder.

内容:

A: しまった！ 電車の中にかばんを忘れた。

B: 本当に？ いったい中に何が入っていたの？

A: 僕の本だよ。試験に必要なんだ。まず警察に電話するべきかな？

B: ううん。まずは鉄道会社の事務所に電話しなよ。本はきっと，図書館で借りられるわ。試験の後でかばんが戻ってくるといいね。

質問文: Was soll der Mann als Erstes machen?

　質問文は「男性は最初に何をするべきでしょうか？」という意味です。選択肢**1**は「彼は鉄道会社の事務所に電話するべきだ」，選択肢**2**は「彼は警察に電話するべきだ」，選択肢**3**は「彼は新しいかばんを買うべきだ」，選択肢**4**は「彼は図書館に行くべきだ」という意味です。この問題では，質問文のals Erstes（最初に）を正しく理解することが重要です。かばんを忘れた男性**A**は，警察に電話をしようとしますが，女性**B**はそれを止め，まずは鉄道会社の事務所に電話するように言います。女性は男性に，図書館に行くことも勧めていますが，まずは鉄道会社の事務所に電話するべきだと言っているので，正解は選択肢**1**です。［正解率 66.42％］

◇第1部は12点満点（配点4点×3）で，平均点は9.52点でした。

```
──  第1部  ここがポイント！ ──────────
 ＊erst mal（まず），zuerst（まず），als Erstes（最初に）といった，順序を
   表す語彙を覚えよう！
 ＊さまざまな語句の中から，鍵となるものを正しく選び取ろう！
```

第2部 テキスト内容の理解

正解 **(4) 2　(5) 1　(6) 3**

　放送されたテキストとその内容に関する質問を聞き，答えとして最も適した絵を選ぶ問題です。放送は合計3回放送されます。

放送 問題 **4**

Zu Mittag gehe ich immer in die Cafeteria. Heute ist Donnerstag, und ich habe dort Spaghetti gewählt. Denn ich habe gestern Fleisch gegessen und jeden Freitag nehme ich dort Fisch. Gemüse mag ich, aber das esse ich immer zu Hause zu Abend.

内容:

お昼には私はいつもカフェテリアに行きます。今日は木曜日で，私はそこでスパゲッティを選択しました。というのは，昨日は肉を食べたし，毎週金曜日にはそこで魚を選んでいるからです。私は野菜は好きですが，それはいつも家で夕食時に食べます。

質問文: Was hat der Mann am Mittwoch zu Mittag gegessen?

　質問文は「男性は水曜日の昼食に何を食べましたか？」という意味です。放送では，最初の部分で今日は木曜日であると言っています。したがって，水曜日は前日であることを把握し，その日に何を食べたのかを聞き取ることが重要です。男性は，昨日は肉を食べたと言っているので，肉が描かれた選択肢 **2** が正解です。
［正解率 65.58%］

放送 問題 **5**

Heute habe ich eine Verabredung mit Anna. Zuerst essen wir in einem Restaurant und dann gehen wir ins Konzert. Gestern Abend hat sie mir vorgeschlagen, dass wir uns vor dem Eingang eines italienischen Restaurants treffen, und ich bin jetzt schon da und warte auf sie. Das Restaurant ist gegenüber der Konzerthalle und nicht weit vom Hauptbahnhof.

内容:

今日，僕はアンナと会う約束をしています。最初に僕たちはレストランで食事をして，それからコンサートに行きます。昨晩，彼女は，イタリアンレストランの入り口の前で落ち合うことを僕に提案しました。それで僕はいま，もうそこに来ていて，彼女を待っています。そのレストランはコンサートホールの向かいにあり，中央駅から遠くはありません。

質問文: Wo wartet der Mann jetzt auf Anna?

　質問文は「いま男性はどこでアンナを待っていますか？」という意味です。解答の手引きにはレストラン，ホール，駅のイラストが載っています。放送では，

場所に関連した語としてイタリアンレストラン，コンサートホール，中央駅が出てきますが，2人が落ち合う場所はイタリアンレストランの入り口の前であると言っています。そして，いま男性はイタリアンレストランにいることから，イタリアの地図が見えるレストランが描かれた選択肢 **1** が正解です。mit jm eine Verabredung haben は，「〜と会う約束がある」という意味です。［正解率 59.62％］

放送 問題**6**

Ich hatte 30 Euro bei mir. Die Tinte für den Drucker habe ich gerade gekauft. Sie hat 20 Euro gekostet. Was kann ich noch kaufen? Das runde Weinglas ist sehr schick und kostet 12,50 Euro. Sehr schade! Das schmale Bierglas finde ich echt cool und es kostet 9,90 Euro. Das Tee-kännchen sieht sehr praktisch aus. Es kostet aber 16,50 Euro.

内容：

僕の手元には30ユーロあった。僕はちょうどいま，プリンターのインクを買った。それは20ユーロだった。僕はまだ何が買えるだろうか？ 丸みのあるワイングラスはとてもおしゃれで，12.50ユーロする。とても残念だ！ 細身のビールグラスは僕には本当にカッコイイと感じられるし，それは9.90ユーロだ。小ぶりなティーポットは大変実用的に見える。でも，それは16.50ユーロする。

質問文： Was kann der Mann heute mit seinem Geld noch kaufen?

質問文は「今日，男性は持っているお金でまだ何が買えますか？」という意味です。この問題では品物ごとに値段を正しく聞き取ることが重要です。男性は30ユーロ持っていて，すでに20ユーロでプリンターのインクを買ったため，残金は10ユーロです。したがって，男性が今日さらに買うことができるのは10ユーロ以下の品物です。この条件に当てはまるのは，9.90ユーロのビールグラスだけです。以上のことから，正解は選択肢 **3** です。［正解率 50.72％］

◇この問題は9点満点（配点3点×3）で，平均点は5.28点でした。

第2部 ここがポイント！

＊場所や時間，曜日などに関連する語句や数詞を正しく聞き取ろう！
＊同じ放送をくり返し聞くことにより，少しずつ正確な理解を目指そう！

第3部 やや長い会話文の聞き取りと記述

正解 **(7)** **verkauft**　　**(8)** **Stunden**　　**(9)** **35**　　**(10)** **Fahrrad**

　放送された会話と質問を聞き，質問に対する答えを完成させる上で必要な単語
や数字を解答用紙の所定欄に手書きで記入する問題です。問題 **(9)** では数詞を，
問題 **(7)**，**(8)**，**(10)** では会話に出てきたキーワードを，それぞれ正しく聞き取
ることが求められます。

放送

A: Hallo, Yoshiko!

B: Hallo, Anton! Wow! Hast du ein neues Auto?

A: Nein, das habe ich gemietet. Ich mache jetzt Carsharing. Deshalb
habe ich auch mein Auto verkauft.

B: Carsharing?! Ja, davon habe ich auch schon gehört. Aber ist das
nicht teuer?

A: Nein, ganz im Gegenteil. Für mich ist es viel günstiger.

B: Wie viel kostet das denn pro Kilometer?

A: Man zahlt nicht pro Kilometer, sondern pro Minute. Ich fahre in
der Woche zwei Stunden Auto. Pro Minute kostet es 35 Cent. Also
kostet das Auto etwa 40 Euro pro Woche. Früher habe ich 100
Euro pro Woche bezahlt.

B: Das ist ja wirklich viel billiger. Und wie funktioniert Carsharing?

A: Ganz einfach. Mein Handy zeigt mir, wo ein freies Auto steht. Ich
reserviere dann das Auto und mit meinem Handy öffne und starte
ich es dann. Ich brauche also keinen Autoschlüssel mehr.

B: Nicht schlecht! Und umweltfreundlicher ist es auch!

A: Genau! Und weil ich jetzt viel Geld spare, kann ich mir endlich ein
gutes Fahrrad kaufen.

内容:

A: やあ，ヨシコ！

B: こんにちは，アントン！ わぁ！ 新車を持っているの？

A: いや，これは借りたんだよ。いま，カーシェアリングをしているんだ。だ
から，僕は自分の車も売ったんだ。

B: カーシェアリング?! ああ，私もそれについてはもう聞いたことがあるわ。

でも，それは高くないの？

A: いや，全く逆だよ。僕にとってはずっと安上がりだよ。

B: 1キロメートルごとに，いったいどれくらい費用がかかるの？

A: キロメートルごとではなくて，分ごとに払うんだよ。僕は週に2時間車を運転する。1分ごとに35セントかかる。つまり週に40ユーロくらいの費用になるんだ。以前は週に100ユーロ払っていたんだよ。

B: それは本当にずっと安いね。それで，カーシェアリングってどのような仕組みになっているの？

A: とても簡単だよ。僕の携帯が，どこに空いている車があるのか示してくれる。そうしたら，その車を予約して，僕の携帯で（ドアを）開け，それから発車させる。つまり，車の鍵はもう必要ないんだよ。

B: 悪くないわね！ それに，その方が環境にもいいし！

A: その通り！ いまはたくさんお金を節約しているので，ようやくよい自転車を買うことができるよ。

放送 問題**7**

質問文： Was hat Anton mit seinem Auto gemacht?

問題文： Er hat sein Auto ＿＿＿＿＿＿＿＿＿＿＿＿＿.

放送された会話では，男性**A**（アントン）が，女性**B**（ヨシコ）に話しかけています。

質問文は「アントンは自分の車をどうしましたか？」という意味で，問題文は「彼は自分の車を＿＿＿＿」という意味です。アントンはカーシェアリングをしていて，Deshalb habe ich auch mein Auto verkauft. （だから僕は自分の車も売ったんだ）と発言しているので，**verkauft** が正解です。2人の会話では，動詞 verkaufen（売る）の過去分詞形 verkauft が用いられています。解答では，gekauft や vergekauft といった間違いが見られました。kaufen（買う）では意味が逆になります。また verkaufen の前つづり ver- は分離せず，過去分詞形では語頭や前つづりの後に ge- を入れません。［正解率14.45%］

放送 問題**8**

質問文： Wie lange fährt Anton in der Woche Auto?

問題文： Er fährt zwei ＿＿＿＿＿＿＿＿＿＿＿＿＿ in der Woche Auto.

質問文は「アントンは週にどれくらいの時間，車を運転しますか？」という意味で，問題文は「彼は週に2＿＿＿＿車を運転します」という意味です。会話の中でアントンが Ich fahre in der Woche zwei Stunden Auto. （僕は週に2時

間車を運転する）と言っていることから，**Stunden** が正解です。Stunde（時間）の複数形は Stunden です。解答では，単数形の Stunde という間違いが見られました。また Stünde や Stünden, Schtunde などのつづり間違いもありました。Tage や Kilometer など，意味の取り違えも散見されました。［正解率 46.96%］

[放送] 問題 **9**

質問文： Wie viel kostet das Auto pro Minute?

問題文： Beim Carsharing kostet es □□ Cent pro Minute.

質問文は「車は 1 分ごとにいくらかかりますか？」という意味で，問題文は「カーシェアリングでは 1 分ごとに□□セントかかります」という意味です。会話の中でアントンは，Pro Minute kostet es 35 Cent.（1 分ごとに 35 セントかかる）と言っているので，算用数字 **35** が解答欄に書き入れてあれば正解です。次の文では，Also kostet das Auto etwa 40 Euro pro Woche.（つまり週に 40 ユーロくらいの費用になるんだ）と述べられているなど，前後で数詞を用いた説明が行われているので，問題文に対応した正しい数詞を聞き取ることが重要です。［正解率 43.40%］

[放送] 問題 **10**

質問文： Was kann Anton sich endlich kaufen?

問題文： Er kann sich endlich ein gutes ＿＿＿＿＿＿＿＿＿＿＿ kaufen.

質問文は「アントンは何をようやく買うことができますか？」という意味です。問題文は「彼はようやくよい ＿＿＿＿＿ を買うことができます」という意味です。会話の最後でアントンが，Und weil ich jetzt viel Geld spare, kann ich mir endlich ein gutes Fahrrad kaufen.（いまはたくさんお金を節約しているので，ようやくよい自転車を買うことができるよ）と言っているので，下線部には **Fahrrad** が入ります。なお，Fahrad や Fahrrat などのつづり間違いが多く見られました。この他に Handy や Auto など，会話に出てくる他の語を書き入れている解答もありました。［正解率 32.18%］

◇この問題は 16 点満点（配点 4 点×4）で，平均点は 5.47 点でした。

＊質問を正しく理解し，適切な答えを出そう！

＊買い物や時刻など，さまざまな話題で用いられる数詞は，正確に聞き取ろう！

＊基本語彙については，意味だけでなくつづりも正確に覚えよう！

2019年度 冬期 ドイツ語技能検定試験

3級

筆記試験　問題

（試験時間　60分）

> 出題は新しい正書法（単語のつづり方などに関する規則）に従います。解答は新旧いずれの方式でも認めます。

────── 注　　意 ──────

■受験票と机の上の受験番号が同じであることを確認してください。

■携帯電話，スマートフォン，スマートウォッチ等の電子機器類は電源を切り，カバン等にしまってください。机の上に置いてはいけません。

■中途退場は認めません。退場は試験放棄となります。

①問題冊子は試験開始の合図があるまで，開いてはいけません。

②問題冊子は表紙・裏表紙を含めて8ページあります。

　余白は下書き・メモ用に使ってかまいません。

③試験監督者の指示に従って，解答用紙の所定の欄に，受験番号・氏名を記入してください。

④解答は黒のHBの鉛筆で強めに記入してください。

　書き直す場合には，消しゴムできれいに消してから記入してください。

⑤**解答はすべて解答用紙の指定された箇所に記入してください。**

⑥記入する数字は，下記の見本に従って書いてください。

曲げない　すきまを開ける　上につき出す　角をつける　閉じる
横線つけない　角をつける　閉じる

■試験が終わっても，指示があるまで席を立たないでください。

■解答用紙は持ち帰ってはいけません。

■この問題冊子の無断転載，無断複製を禁じます。

1 次の (1) ～ (4) の条件にあてはまるものが各組に一つあります。それを下の **1** ～ **4** から選び，その番号を解答欄に記入しなさい。

(1) 下線部の発音が他と<u>異なる</u>。

    1 Bu<u>ch</u>stabe   **2** erwa<u>ch</u>sen   **3** Fu<u>ch</u>s   **4** we<u>ch</u>seln

(2) 下線部にアクセント（強勢）が<u>ない</u>。

    1 Di<u>rek</u>tor   **2** Ge<u>sell</u>schaft   **3** Se<u>mes</u>ter   **4** Ta<u>blet</u>te

(3) 下線部が<u>長く</u>発音される。

    1 Okt<u>o</u>ber   **2** <u>O</u>nkel   **3** <u>O</u>pfer   **4** <u>O</u>stern

(4) 問い **A** に対する答え **B** の下線の語のうち，通常最も強調して発音される。

A: Die Tür ist offen. Soll ich sie so lassen?
B: Nein. <u>Machen</u> <u>Sie</u> <u>sie</u> <u>zu</u>!

    1 Machen   **2** Sie   **3** sie   **4** zu

2 次の (1) ～ (4) の文で（　　）の中に入れるのに最も適切なものを，下の **1** ～ **4** から選び，その番号を解答欄に記入しなさい。

(1) Mein Bruder beschäftigt sich (　　　) seinen Hausaufgaben.
    1 in   **2** mit   **3** unter   **4** vor

(2) Der Wissenschaftler ist überzeugt (　　　) der Richtigkeit seiner Theorie.
    1 auf   **2** aus   **3** von   **4** vor

(3) Mein Freund gehört (　　　) einer Fußballmannschaft.
    1 auf   **2** bei   **3** in   **4** zu

(4) Reinhard erinnert sich (　　　) seine erste Liebe.
    1 an   **2** auf   **3** in   **4** um

3 次の (1) ～ (4) の文で ( ) の中に入れるのに最も適切なものを，下の **1** ～ **4** から選び，その番号を解答欄に記入しなさい。

(1) Letztes Jahr ( ) unser Sohn Alexander auf die Welt gekommen.
    1 haben   **2** hat   **3** ist   **4** sind

(2) ( ) Sie bitte vorsichtig, wenn Sie eine Datei aus dem Internet herunterladen!
    1 Habe   **2** Haben   **3** Seien   **4** Sein

(3) Mein Sohn ( ) letzten Sommer in Spanien. Er denkt oft daran.
    1 ist   **2** war   **3** waren   **4** wird

(4) Anna, hast du Lust, heute Abend mit mir ins Kino ( )?
    1 gehen   **2** gehst   **3** geht   **4** zu gehen

4 次の (1) ～ (4) の文で ( ) の中に入れるのに最も適切なものを，下の **1** ～ **4** から選び，その番号を解答欄に記入しなさい。

(1) Draußen war es so stürmisch, ( ) ich zu Hause bleiben musste.
    1 dass   **2** deshalb   **3** nicht   **4** sondern

(2) In Südamerika gibt es Frösche, ( ) Haut bunt ist.
    1 der   **2** deren   **3** dessen   **4** die

(3) Du hast aber einen schönen Blumenstrauß gekauft! ( ) schenkst du ihn?
    1 Wem   **2** Wen   **3** Wer   **4** Wessen

(4) Er besucht das Café oft, ( ) da kann er leckeren Kuchen essen.
    1 dann   **2** denn   **3** wann   **4** wenn

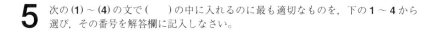

5 次の (1) ～ (4) の文で (　　) の中に入れるのに最も適切なものを，下の **1** ～ **4** から選び，その番号を解答欄に記入しなさい。

(1) Wie geht es dir? Wir haben uns (　　) nicht mehr gesehen!
   1 als   **2** desto   **3** erst   **4** lange

(2) Bist du wieder gesund? – Danke, es geht mir (　　) besser.
   1 groß   **2** hoch   **3** lang   **4** viel

(3) Bis ein Uhr bleibe ich zu Hause, weil ich ein Paket (　　) muss.
   1 annehmen   **2** teilnehmen   **3** unternehmen   **4** zunehmen

(4) (　　) viele Rosen möchten Sie, bitte?
   1 Was   **2** Wen   **3** Wie   **4** Wo

6 次の文章は，ユキオがドイツ語学校の事務室に宛てたメールです。このメールを読んで，(1) ～ (3) の問いに答えなさい。

Von: Yukio Taniguchi
An: Mia Hoffmann
Betreff: Bitte um Informationen zum Kurs »Deutsche Weihnachtsfilme«
Datum: 13. November 2019

Sehr geehrte Frau Hoffmann,

ich heiße Yukio Taniguchi und bin Teilnehmer am Deutschkurs für die Mittelstufe. Heute sagte unser Lehrer Herr Wolf kurz, dass ein Kollege von ihm am 20. Dezember den Kurs »Deutsche Weihnachtsfilme« veranstaltet. Ich möchte gerne daran teilnehmen und hätte einige Fragen dazu.

(A)Welche Filme werden im Kurs benutzt? Wenn man die Filme auf DVD bekommen kann, möchte ich sie mir vorher einmal anschauen. Zwar interessiere ich mich sehr für Weihnachten in Deutschland, aber ich sehe nur selten Filme auf Deutsch. Deswegen möchte ich mich daran gewöhnen, deutsche Filme zu sehen.

Ich hätte noch eine andere Frage. Ich habe gehört, dass der Kurs um 14 Uhr beginnt und zwei Stunden dauert. Könnte ich an dem Tag vielleicht etwas später kommen? Am frühen Nachmittag habe ich einen wichtigen (**B**). Ich kann daher erst gegen 14.30 Uhr da sein.

Ich interessiere mich besonders für den Kurs, weil man neben Deutsch auch sehr viel über Weihnachten in Deutschland erfahren kann. Den Kurs würde ich deshalb gern besuchen. Für Ihre Antwort wäre ich dankbar.

Mit freundlichen Grüßen

Yukio Taniguchi

(1) 下線部 (**A**) を言い換えた時に最も近い意味になるものを，次の **1** ～ **3** から選び，その番号を解答欄に記入しなさい。

    1 Welche Filme werden im Kurs gemacht?
    2 Welche Filme werden im Kurs gezeigt?
    3 Welche Filme werden im Kurs verkauft?

(2) 空欄（ **B** ）に入れるのに最もふさわしい語を，次の **1** ～ **4** から選び，その番号を解答欄に記入しなさい。

    1 Betrieb   **2** Kopf
    3 Platz   **4** Termin

(3) 本文全体の内容に合うものを下の **1** ～ **5** から二つ選び，その番号を解答欄に記入しなさい。ただし，番号の順序は問いません。

    1 Am 20. Dezember findet ein besonderer Kurs von Herrn Wolf statt.
    2 Yukio sieht oft deutsche Filme.
    3 Der Kurs »Deutsche Weihnachtsfilme« endet um 16 Uhr.
    4 Yukio möchte durch den Kurs viel über deutsche Weihnachten lernen.
    5 Yukio dankt Frau Hoffmann, weil sie auf seine Fragen geantwortet hat.

7 以下は，Jensen さんがホテルの受付でチェックインしている時の会話です。会話が完成するように，空欄（ **a** ）〜（ **e** ）に入れるのに最も適切なものを，下の **1** 〜 **8** から選び，その番号を解答欄に記入しなさい。

Rezeption:	Guten Tag. Kann ich Ihnen helfen?
Frau Jensen:	Guten Tag. Ich habe ein Zimmer für zwei Nächte reserviert.
Rezeption:	（ **a** ）
Frau Jensen:	Anna Jensen.
Rezeption:	Einen kleinen Moment bitte, ... Ah ja, hier habe ich Sie auf der Liste, Frau Jensen. Könnten Sie bitte dieses Formular ausfüllen?
Frau Jensen:	Okay. Hier, bitte. （ **b** ）
Rezeption:	Im fünften Stock, Zimmer 503. Sie haben da einen sehr schönen Blick auf den See.
Frau Jensen:	Prima!
Rezeption:	Hier ist Ihr Schlüssel, Frau Jensen.
Frau Jensen:	Danke. Und wo ist das Frühstück?
Rezeption:	Frühstück gibt es im Speisesaal, von 6.30 Uhr bis 9.30 Uhr. （ **c** ）
Frau Jensen:	Alles klar. Ich hätte noch eine Frage. Haben Sie einen Stadtplan? （ **d** ）
Rezeption:	Hier, bitte. Das Museum befindet sich am Marktplatz. Gehen Sie einfach die Hauptstraße entlang, und Sie kommen in 10 Minuten dahin. （ **e** ）

1 Ich möchte gerne das Historische Museum besuchen.

2 Bitte geben Sie am Eingang des Saals Ihre Zimmernummer an.

3 Wie groß ist das Zimmer?

4 Ich wünsche Ihnen einen schönen Aufenthalt!

5 Darf ich Ihren Namen haben?

6 Ich kann den Weg zum Bahnhof nicht finden.

7 Haben Sie gut geschlafen?

8 In welchem Stock ist mein Zimmer?

8 ドイツにおける夏時間（Sommerzeit）の歴史に関する次の文章を読んで，内容に合うものを下の**1**〜**8**から四つ選び，その番号を解答欄に記入しなさい。ただし，番号の順序は問いません。

1916 begann man im damaligen Deutschen Kaiserreich* mit der Sommerzeit. Das war der erste Versuch auf der Welt. Aber schon nach drei Jahren, als das Reich endete, wurde dieser Versuch aufgegeben.

Während des Zweiten Weltkriegs wurde die Sommerzeit noch einmal eingeführt, weil die Regierung dachte, man hätte dadurch einen Vorteil bei der Kriegsproduktion. Denn mit einer Stunde mehr Tageslicht konnte man eine Stunde mehr arbeiten. Daher hat man sich 1940 zum zweiten Mal für die Sommerzeit entschieden.

Nach dem Zweiten Weltkrieg wurde die Sommerzeit nur in Westdeutschland weiter benutzt. Sie war bis 1949 gültig. Von 1950 bis 1979 gab es keine Sommerzeit.

1980 gaben sowohl West- als auch Ostdeutschland der Sommerzeit noch einmal eine Chance. Und es gibt sie bis heute. Der Grund dafür war damals die Ölkrise* von 1973. Aus ökonomischen Gründen musste man unbedingt Energie sparen. Man versuchte, durch eine bessere Verwendung des Tageslichts dieses Ziel zu erreichen. Aber bis heute ist das Ergebnis nicht gut.

Seit 1996 beginnt und endet die Sommerzeit in allen EU-Ländern jedes Jahr am gleichen Tag. Das EU-Parlament hat jedoch 2019 beschlossen, die Zeitumstellung* nicht fortzusetzen. In Deutschland wird man vermutlich in der nahen Zukunft zum dritten Mal von der Sommerzeit Abschied nehmen.

*Deutsches Kaiserreich: ドイツ帝国　　*Ölkrise: オイルショック
*Zeitumstellung: 時間の切り替え

1 世界で初めて夏時間を導入したのはドイツ帝国である。
2 20 世紀以降のドイツで初めて夏時間が導入されたのは，ドイツ帝国崩壊から3 年後であった。
3 第二次世界大戦中のドイツでは，軍需産業上の理由から，夏時間が導入された。
4 1950 年から 1979 年までは，西ドイツにのみ夏時間が存在していた。
5 1980 年には，経済的な理由から，東西両ドイツで夏時間が導入された。
6 現行のドイツの夏時間は省エネルギーを目的に導入され，大きな成果を上げている。
7 1996 年以来，EU のすべての国で，夏時間は同じ日に開始され，同じ日に終了する。
8 20 世紀以降のドイツでは，これまでに 3 度，夏時間が廃止されたことがある。

3級

2019年度 冬期 ドイツ語技能検定試験

筆記試験 解答用紙

受 験 番 号	氏　　　名
1 9 W □ □ □ □	

手書き数字見本
0 1 2 3 4 5 6 7 8 9

1 (1) □ (2) □ (3) □ (4) □

2 (1) □ (2) □ (3) □ (4) □

3 (1) □ (2) □ (3) □ (4) □

4 (1) □ (2) □ (3) □ (4) □

5 (1) □ (2) □ (3) □ (4) □

6 (1) □ (2) □ (3) □

7 a □ b □ c □ d □ e □

8 □ □ □ □

2019年度 冬期 ドイツ語技能検定試験
3級
聞き取り試験　解答の手引き

（試験時間　約25分）

> 出題は新しい正書法（単語のつづり方などに関する規則）に従います。解答は新旧いずれの方式でも認めます。

―――― 注　　意 ――――

■受験票と机の上の受験番号が同じであることを確認してください。

■携帯電話，スマートフォン，スマートウォッチ等の電子機器類は電源を切り，カバン等にしまってください。机の上に置いてはいけません。

■中途退場は認めません。

① 指示があるまでページを開いてはいけません。

② 聞き取り試験は3部から成り立っています。

③ 試験監督者の指示に従って，解答用紙の所定の欄に，受験番号・氏名を記入してください。

④ 放送の指示でページを開き，解答のしかたをよく読んでください。

⑤ 解答は黒のHBの鉛筆で強めに記入してください。
　書き直す場合には，消しゴムできれいに消してから記入してください。

⑥ **解答はすべて試験時間内に解答用紙の指定された箇所に記入してください。**

⑦ 記入する数字は，下記の見本に従って書いてください。

⑧ アルファベットは大文字と小文字の判別ができるようにはっきりと書いてください。

■試験が終わっても，指示があるまで席を立たないでください。

■解答用紙は持ち帰ってはいけません。

■この問題冊子の無断転載，無断複製を禁じます。

─── 第1部　Erster Teil ───

1. 第1部は問題（**1**）から（**3**）まであります。
2. ドイツ語の短い会話を2回放送します。
3. 設問の答えとして最も適切なものを選択肢**1**〜**4**から一つ選び，その番号を<u>解答用紙の所定の欄</u>に記入してください。
4. メモは自由にとってかまいません。

（**1**）　An welchem Tag gehen die beiden in die Ausstellung?

    1　Am Montag.
    2　Am Dienstag.
    3　Am Mittwoch.
    4　Am Sonntag.

（**2**）　Was sagt der Wetterbericht?

    1　Morgen ist das Wetter den ganzen Tag schön.
    2　Es ist morgen bis nachmittags bewölkt.
    3　Morgen regnet es am Abend.
    4　Man weiß nicht, wie das Wetter morgen wird.

（**3**）　Wie viel bezahlt Julia für den Schreibtisch?

    1　Sie bezahlt 80 Euro.
    2　Sie bezahlt 100 Euro.
    3　Sie bezahlt 112 Euro.
    4　Sie bezahlt 120 Euro.

B

CD 11

─── 第2部　Zweiter Teil ───

1. 第2部は，問題（**4**）から（**6**）まであります。
2. まずドイツ語の文章を放送します。
3. 次に，内容についての質問を読みます。間隔をおいてもう一度放送します。
4. 質問に対する答えとして最も適した絵をそれぞれ**1**〜**3**から選び，その番号を<u>解答用紙の所定の欄</u>に記入してください。
5. 以下，同じ要領で問題（**6**）まで順次進みます。
6. 最後に，問題（**4**）から（**6**）までの文章と質問をもう一度通して放送します。
7. メモは自由にとってかまいません。

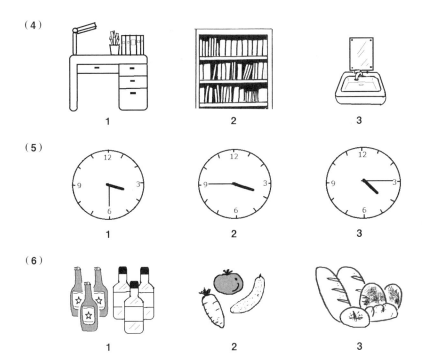

(4)

1　　　　　　2　　　　　　3

(5)

1　　　　　　2　　　　　　3

(6)

1　　　　　　2　　　　　　3

第 3 部　　Dritter Teil

1. 第 3 部は，問題 **(7)** から **(10)** まであります。
2. まずドイツ語の会話を放送します。それに続き，この会話の内容に関する質問 **(7)** ～ **(10)** を読みます。
3. そのあと，約 30 秒の間をおいてから，同じ会話をもう一度放送します。
4. 次に質問 **(7)** ～ **(10)** をもう一度読みます。
5. 質問に対する答えとして，**(7)**, **(8)** には適切な一語を，**(9)**, **(10)** には算用数字を解答用紙の所定の欄に記入してください。
6. メモは自由にとってかまいません。
7. 質問 **(10)** の放送のあと，およそ 1 分後に試験終了のアナウンスがあります。試験監督者が解答用紙を集め終わるまで席を離れないでください。

(7)　　Das Motorrad gehört dem _____ von Simone.

(8)　　Es ist zu _____.

(9)　　Als sie ☐☐ Jahre alt war.

(10)　　Sie trifft ihren Kunden um ☐☐ Uhr.

2019年度 冬期 ドイツ語技能検定試験
聞き取り試験 解答用紙

受　験　番　号	氏　　名
1 9 W	

手書き数字見本
0 1 2 3 4 5 6 7 8 9

【第1部】

(1) ☐　(2) ☐　(3) ☐

【第2部】

(4) ☐　(5) ☐　(6) ☐

【第3部】

(7) Das Motorrad gehört dem _____ von Simone.

採点欄

(8) Es ist zu _____ .

採点欄

(9) Als sie ☐☐ Jahre alt war.

(10) Sie trifft ihren Kunden um ☐☐ Uhr.

冬期 《3級》 ヒントと正解

【筆 記 試 験】

1 発音とアクセント

正解 (1) 1 　(2) 3 　(3) 4 　(4) 4

　発音やアクセントの位置，母音の長短などに関する問題です。発音の基本的な規則を覚える他，語の構成に関する理解を深め，外来語などの例外に対応できるようにしておくことが重要です。

　(1) 子音字 chs を含む語の発音に関する問題です。子音字 ch に s が続く場合，chs 全体は [ks] と発音されます。ただし，複数の要素からなる複合語の場合，この限りではありません。複合語においては，原則的に個々の要素の発音が保持されます。選択肢 1 の Buchstabe (つづり) は Buch と Stabe の 2 要素からなり，子音字 ch と s の間には切れ目があります。このうち，Buch の子音字 ch は [ç] と発音されます。一方，選択肢 2 の erwachsen (大人の)，選択肢 3 の Fuchs (きつね)，選択肢 4 の wechseln (交換する) の場合，子音字 ch と s の間に同様の切れ目はなく，chs 全体が [ks] と発音されます。したがって，正解は選択肢 1 です。[正解率 57.48%]

　(2) 語のアクセントの位置に関する問題です。ドイツ語では，語は原則として最初の音節にアクセントが置かれますが，外来語や語頭が非分離前つづりである語などの場合，この原則は必ずしも当てはまりません。選択肢 1 から選択肢 4 までの語はいずれも，アクセントが二つ目の音節に置かれるという点が共通しています。このうち，選択肢 1 の Direktor (組織の長)，選択肢 3 の Semester (学期)，選択肢 4 の Tablette (錠剤) は外来語です。また，選択肢 2 の Gesellschaft (社会) は語頭が非分離前つづり ge- であり，非分離前つづりにはアクセントが置かれません。以上をまとめると，四つの選択肢のうち選択肢 3 だけは，下線部が，アクセントの置かれない最初の音節中の母音 e に相当します。したがって，正解は選択肢 3 です。なお，選択肢 1 を選んだ解答が 31.37%，選択肢 2 を選んだ解答が 29.92% ありました。[正解率 29.28%]

(3) 母音の長短を問う問題です。ドイツ語では原則として，アクセントが置かれる母音は，子音字一つの前では長く発音されるのに対し，子音字二つ以上の前では短く発音されます。選択肢 **1** の Oktober (10月)，選択肢 **2** の Onkel (おじ)，選択肢 **3** の Opfer (犠牲) では，下線部の母音が二つの子音字の前にあり，いずれの場合も，母音は原則通り短く発音されます。一方，選択肢 **4** の Ostern (復活祭) にはこの原則が当てはまらず，下線部の母音は，二つの子音字の前にありながら長く発音されます。したがって，正解は選択肢 **4** です。［正解率 63.16％］

(4) 文アクセントを問う問題です。一般的に，文においては最も重要な情報を担う部分が強調されます。**A** は「ドアが開いていますよ。そのままにしておきましょうか？」と尋ねています。これに対して **B** は「いいえ。それを閉めてください！」と答えています。**B** の応答では，分離動詞 zumachen (閉める) が用いられています。zumachen は分離動詞 aufmachen (開ける) と反義関係にあり，前つづりである zu- が「閉鎖」の意味を，auf- が「開放」の意味を，それぞれ担っています。**A** はドアを開けたままにしておこうかと尋ねているのに対し，**B** はドアを閉めるよう求めていることから，最も重要な情報を担うのは「閉鎖」を意味する前つづり zu- であり，この部分にアクセントが置かれます。したがって，正解は選択肢 **4** です。なお，選択肢 **1** を選んだ解答が 38.12％ ありました。分離動詞では前つづりにアクセントが置かれること，基礎動詞である machen は「閉鎖」という意味を担うわけではないことなどから，machen を強調するのは自然ではありません。［正解率 39.57％］

◇この問題は 12 点満点 (配点 3 点×4) で，平均点は 5.68 点でした。

---

1 ここがポイント！
- ＊語の構成に関する知識を手がかりとした上で，正確な発音を身につけよう！
- ＊外来語をはじめとする例外的な語については，個別に発音やアクセントの位置を覚えておこう！

---

2 前置詞

正解 (1) **2**　　(2) **3**　　(3) **4**　　(4) **1**

前置詞に関する問題です。前置詞は，時間や場所などさまざまな意味関係を表

します。また，特定の動詞や形容詞と結びつく前置詞もあります。

（1） 再帰動詞 sich⁴ beschäftigen は前置詞 mit と結びつき，sich⁴ mit et³ beschäftigen 全体で「～に取り組む，従事する」を意味します。したがって，正解は選択肢 **2** です。問題文は「私の兄（弟）は宿題に取り組んでいる」という意味です。なお，選択肢 **1**，選択肢 **3**，選択肢 **4** を空欄に入れた場合は，sich⁴ beschäftigen と前置詞句との間に自然な意味関係が成立しない上に，何に取り組むのかという点が不明なままとなり，文意が完結しません。［正解率 56.19％］

（2） überzeugt は動詞 überzeugen の過去分詞形ですが，形容詞としても使われます。形容詞としての überzeugt は前置詞 von と結びつき，von et³ überzeugt sein 全体で「～を確信している，信じて疑わない」を意味します。したがって，正解は選択肢 **3** です。問題文は「その学者は自分の学説の正しさを確信している」という意味です。なお，選択肢 **1** を選んだ解答が 29.01％ ありました。［正解率 46.27％］

（3） 動詞 gehören には前置詞 zu と結びつく用法があり，zu et³ gehören 全体で「～の一員である，～に所属している」を意味します。したがって，正解は選択肢 **4** です。問題文は「私の友人はサッカーチームに所属している」という意味です。なお，選択肢 **2** を選んだ解答が 22.41％ ありましたが，gehören には前置詞 bei と結びつく用法はありません。また，選択肢 **3** を選んだ解答が 20.27％ ありました。gehören は前置詞 in との結びつきで「～に本来いるべきである」を意味しますが，その場合の in は 4 格支配でなければなりません。問題文において，空欄に続くのは 3 格の名詞句 einer Fußballmannschaft であることから，空欄に in を入れるのは適切ではありません。［正解率 37.86％］

（4） 再帰動詞 sich⁴ erinnern は 4 格支配の前置詞 an と結びつき，sich⁴ an et⁴ erinnern 全体で「～を思い出す，～を覚えている」を意味します。したがって，正解は選択肢 **1** です。問題文は「ラインハルトは自分の初恋を覚えている」という意味です。なお，選択肢 **2**，選択肢 **3**，選択肢 **4** を空欄に入れた場合，sich⁴ erinnern と前置詞句との間に自然な意味関係が成立しない上に，何を覚えているのかという点が不明なままとなり，文意が完結しません。［正解率 53.83％］

◇この問題は 12 点満点（配点 3 点×4）で，平均点は 5.82 点でした。

2 ここがポイント！

＊前置詞の基本的な意味と格支配を覚えよう！

＊重要な動詞や形容詞については，その意味だけでなく，どの前置詞と結びつくのかも正確に覚えよう！

3 動詞と助動詞（現在完了・命令形・過去形・zu 不定詞）

正解 (1) 3　(2) 3　(3) 2　(4) 4

　動詞や助動詞に関する問題です。現在完了，命令形，過去形，zu 不定詞など，さまざまな時制や用法における変化形を適切に選択する必要があります。

（1）auf die Welt kommen は「生まれる」という意味の慣用句です。四つの選択肢からは，動詞 kommen の過去分詞形 gekommen と完了の助動詞を組み合わせて現在完了形の文を完成させる必要があるものと予想できます。完了の助動詞には haben と sein の 2 種類があり，どちらの助動詞を用いるかは原則として動詞ごとに決まっています。動詞 kommen は完了の助動詞として sein を選択します。また，問題文の主語は unser Sohn Alexander（私たちの息子アレクサンダー）であるため，完了の助動詞 sein は 3 人称単数の ist に変化させる必要があります。したがって，正解は選択肢 3 です。問題文は「昨年，私たちの息子アレクサンダーが生まれた」という意味です。なお，選択肢 2 を選んだ解答が 24.13% ありましたが，kommen が完了の助動詞として haben を選択することはありません。［正解率 64.99%］

（2）完成させるべき文に bitte が含まれていること，また，文末に感嘆符があることから，全体が命令文であり，文頭にあたる空欄には動詞が入ることがわかります。また，空欄の直後には Sie が置かれていることから，Sie に対する命令文を完成させる必要があります。さらに，vorsichtig は「慎重な」という意味の形容詞であり，Sie に対する命令文を用いて「慎重にしてください」という意味を表すためには，動詞 sein を seien という形に変化させなければなりません。したがって，正解は選択肢 3 です。問題文は「インターネットからデータをダウンロードするときは，慎重にしてください！」という意味です。なお，選択肢 2 を選んだ解答が 43.16% ありましたが，haben に vorsichtig と結びつく用法はありません。［正解率 49.28%］

（3）完成させるべき第 1 文には letzten Sommer（去年の夏）という時間表現が含まれています。したがって，この時間表現を含む文全体は過去のことについて述べているということがわかります。また，第 1 文のうち空欄を除いた部分には動詞が含まれていません。したがって，空欄には動詞の過去形 1 語を入れるのが適切です。さらに，文の主語は mein Sohn（私の息子）であることから，空欄に入れるべき動詞は単数形の名詞 Sohn と数が一致していなければなりません。選択肢のうちで，以上の条件を満たすのは選択肢 **2** の war だけです。したがって，正解は選択肢 **2** です。第 1 文と第 2 文からなる全体は「私の息子は去年の夏スペインにいた。彼はよくそのときのことを思い出す」という意味です。なお，選択肢 **4** を選んだ解答が 20.75% ありましたが，wird は動詞 werden の現在形であり，letzten Sommer という時間表現とは整合しません。［正解率 68.31%］

（4）問題文に含まれている Lust haben は zu 不定詞句との結びつきで「〜する気がある」という意味を表します。したがって，Anna, hast du Lust ... に続くコンマ以降の部分全体は zu 不定詞句に相当すること，また，空欄には動詞の zu 不定詞形が入ることがわかります。以上のことから，正解は選択肢 **4** です。問題文は「アンナ，今晩私と一緒に映画に行く気はある?」という意味です。なお，選択肢 **1** を選んだ解答が 21.55% ありましたが，zu を伴わない不定詞を Lust haben と組み合わせることはできません。［正解率 66.01%］

◇この問題は 12 点満点（配点 3 点×4）で，平均点は 7.46 点でした。

3 ここがポイント！

＊動詞ごとに，完了の助動詞として haben と sein のどちらを選択するのか確認しよう！
＊文を作るときは，時制の区別に注意した上で，動詞を適切な形に変化させよう！
＊命令文を作るときは，聞き手との関係に合わせて，動詞を適切な形に変化させよう！
＊zu 不定詞を用いた基本的な表現を一通り覚えておこう！

4 接続詞・関係代名詞・疑問代名詞

正解 （1） 1 （2） 2 （3） 1 （4） 2

接続詞，関係代名詞，疑問代名詞に関する問題です。

（**1**）接続詞に関する問題です。問題文の後半部は，話法の助動詞 müssen の定形 musste が後置されていることから，従属文に相当します。したがって，空欄には従属文を導く語が入ります。選択肢のうちで，従属接続詞は dass だけです。正解は選択肢 **1** です。この dass は前半部の so との組み合わせで so ... , dass 〜という複合的な接続表現をなし，「とても…であるので，〜である」という意味を表します。問題文は「外はひどい嵐だったので，私は家にいなければならなかった」という意味です。なお，選択肢 **2** の deshalb を選んだ解答が 34.53% ありました。deshalb は「それゆえ」という意味の副詞であり，従属文を導く働きがないため，問題文の空欄には適しません。[正解率 49.01%]

（**2**）関係代名詞に関する問題です。問題文の前半部は「南米にはカエルがいる」という意味です。後半部では，動詞 sein の定形 ist が後置されていることから，空欄には従属文を導く語が入るものと予想されます。また，四つの選択肢からは，その語が関係代名詞に相当することがわかります。関係代名詞は，先行詞の性と数，また関係文中での役割に応じて形が異なります。先行詞はふつう，関係代名詞の直前にあります。この問題の場合，先行詞は Frosch（カエル）の複数形 Frösche です。一方，関係文中の動詞 sein は 3 人称単数の ist という形であることから，その主語は空欄直後にある単数形の名詞 Haut（皮膚）であり，後半部の関係文は「その皮膚がカラフルである」という意味であると予想できます。したがって，先行詞 Frösche と関係文の主語 Haut との間に「カエルの皮膚」という意味が成り立つよう，空欄には Frösche と数が一致する複数 2 格の関係代名詞 deren を入れる必要があります。正解は選択肢 **2** です。問題文は，「南米には，カラフルな皮膚をしたカエルがいる」という意味です。なお，選択肢 **3** を選んだ解答が 25.95%，選択肢 **4** を選んだ解答が 26.01% ありました。[正解率 35.17%]

（**3**）疑問代名詞の格変化に関する問題です。選択肢はすべて wer（誰）の変化形です。第 1 文は「しかしまあ，きみはきれいな花束を買ったね！」という意味です。文中の aber は，予想を上回る程度の物事に接した話し手の心情を副詞的に表します。第 2 文の動詞 schenken（〜に〜を贈る）は他動詞で，3 格目的語と 4 格目的語をとります。文末の ihn は，第 1 文中の Blumenstrauß（花束）を指す男性 4 格の人称代名詞です。Blumenstrauß が男性名詞であることは，直前に置かれている einen schönen という不定冠詞および形容詞の変化形からも裏づけられます。完成させるべき第 2 文には主語 du と 4 格目的語 ihn がある一方，3

格目的語が欠けていることから，文頭の疑問代名詞が 3 格目的語に相当すること，全体として「きみは誰にそれ（花束）を贈るの？」という意味の文が成り立つことがわかります。したがって，空欄には疑問代名詞 wer（1 格）の 3 格形 wem が入ります。正解は選択肢 **1** です。［正解率 57.10%］

（**4**）接続詞に関する問題です。問題文の前半部は「彼はそのカフェをよく訪れる」という意味です。空欄直後の後半部は「そこで，彼はおいしいケーキを食べることができる」という意味です。この後半部は，空欄抜きで独立した文として成立しています。文頭が da であり，話法の助動詞 können の定形 kann が第 2 位に置かれていることに注意してください。このことから，空欄には，後続する文の語順に影響しない並列接続詞が入るということがわかります。選択肢のうちでは，並列接続詞は denn（〜というのも）だけです。したがって，正解は選択肢 **2** です。問題文全体は「彼はそのカフェをよく訪れる。というのも，そこではおいしいケーキが食べられるからだ」という意味です。［正解率 46.33%］

◇この問題は 12 点満点（配点 3 点×4）で，平均点は 5.63 点でした。

4 ここがポイント！

＊疑問代名詞 wer は文中での役割に応じて形が変化するということに注意しよう！
＊接続詞ごとに，後続する文において動詞がどの位置に置かれるのかを正しく覚えよう！
＊関係代名詞を用いるときは，先行詞の性と数，そして関係文中での役割をしっかり確認しよう！

5 語彙（疑問詞・動詞・副詞）

正解 （**1**）4 （**2**）4 （**3**）1 （**4**）3

疑問詞，動詞，副詞に関する問題です。よく使われる言い回しや類義語に関する知識が求められます。

（**1**）第 1 文は「きみは元気？」という意味です。第 2 文は，空欄を除く Wir haben uns（　　）nicht mehr gesehen! という部分だけを取り出せば，「私たちはもはや会っていなかった！」という意味になります。仮に空欄に副詞 lange（長

い間）を入れた場合，「私たちは長い間もはや会っていなかったね！」，つまり「久しぶり！」という意味の表現が成立します。正解は選択肢 **4** です。決まった言い回しとして，覚えておきましょう。［正解率 61.13%］

(2) 第 1 文は「きみは，再び体調がよくなった？」，つまり「元気になった？」という意味です。第 2 文は，空欄を除いた部分だけを取り出せば，「ありがとう，私は調子がよくなっている」という意味になります。besser（よりよい）は形容詞 gut の比較級です。仮に空欄に選択肢 **4** の副詞 viel を入れた場合は，besser が表す状態の程度を強めることができます。一方，選択肢 **1** の groß，選択肢 **2** の hoch，選択肢 **3** の lang には，形容詞が表す状態の程度を強める働きはありません。したがって，正解は選択肢 **4** です。問題文は「ありがとう，私は調子がずっとよくなっている」，つまり「ありがとう，ずっとよくなったよ」という意味です。［正解率 75.87%］

(3) 問題文の前半部は「私は 1 時まで家にいる」という意味です。後半部は，従属接続詞 weil で始まり，話法の助動詞 müssen の定形 muss で終わっているため，従属文に相当します。また，空欄には，選択肢のうちで，自然な意味の文を成り立たせる動詞の不定詞形を選ぶ必要があります。選択肢 **1** の annehmen は「受け取る」，選択肢 **2** の teilnehmen は「参加する」，選択肢 **3** の unternehmen は「企てる，行う」，選択肢 **4** の zunehmen は「増大する」という意味です。このうち，後半部の ein Paket（小包）と組み合わせる上で適切なのは annehmen「受け取る」であることから，正解は選択肢 **1** です。問題文は「小包を受け取らなければならないため，私は 1 時まで家にいる」という意味です。なお，選択肢 **2** を選んだ解答が 22.20%，選択肢 **3** を選んだ解答が 22.95% ありました。［正解率 39.20%］

(4) 完成させるべき文は疑問符付きであることから疑問文に相当すること，したがって，選択肢はすべて疑問詞であることがわかります。また，空欄に続く表現は viele Rosen であり，その直後に助動詞 möchten があることから，空欄に入る疑問詞と viele Rosen との組み合わせがひとまとまりの句として文頭に置かれているべきであるものと判断できます。選択肢のうち，viele Rosen との組み合わせで一つの句を成り立たせることができるのは選択肢 **3** の wie であり，全体として wie viele＋名詞（いくつの～）という単独の名詞句が成立します。一方，仮に選択肢 **1** の was，選択肢 **2** の wen，選択肢 **4** の wo を空欄に入れた場合は，文頭に単独の疑問詞と名詞句 viele Rosen の二つが置かれることになり，文法的

に正しい語順の文が成り立ちません。したがって，正解は選択肢 **3** です。問題文は「あなたはバラを何本欲しいですか？」という意味です。［正解率 87.83%］

◇この問題は 12 点満点（配点 3 点×4）で，平均点は 7.92 点でした。

5 ここがポイント！

＊nehmen のように基本的な動詞から派生する分離動詞や非分離動詞の意味については，相互に区別できるようにしておこう！
＊よく使われる言い回しは，ひとまとまりの単位として覚えよう！

6 手紙文理解

正解 (1) 2   (2) 4   (3) 3, 4 （順序は問いません）

電子メールの文面を読み，内容を正しく理解できるかどうかを問う問題です。ドイツ語の電子メールには，手紙に準じた独自の形式があります。以下は，問題で使用されたテキストの日本語訳です。

発信者: ユキオ・タニグチ
宛先: ミーア・ホフマン
件名: 講座『ドイツのクリスマス映画』に関する情報のお願い
日付: 2019 年 11 月 13 日

拝啓　ホフマン様

　ユキオ・タニグチと申します。中級ドイツ語講座の受講生です。本日，講師のヴォルフ先生が，ご同僚の方が 12 月 20 日に『ドイツのクリスマス映画』という講座を開講なさる，ということを手短に話してくださいました。私はそれに参加したいと考えています。また，それに関していくつか質問があります。
　（**A**）講座ではどの映画が使用されるのですか？　映画を DVD で入手できるのであれば，前もって一度観ておきたいと思います。私はドイツのクリスマスには大いに興味がありますが，映画をドイツ語で観ることはめったにありません。そのため，ドイツ語の映画を観ることに慣れておきたいと考えています。
　もう一つ別の質問があります。この講座は 14 時に始まり，2 時間かかると聞きました。その日，もしかすると少し遅れて行っても構わないでしょうか？　午

後早くに大事な (**B**) があるのです。そのため，出席できるのは早くとも 14 時 30 分ごろになります。

　ドイツ語と並んでドイツのクリスマスに関してもとてもたくさん知ることができるので，私はこの講座にとりわけ興味があります。そのため，私は講座に参加したいと思っています。お返事をいただければ，ありがたく存じます。

敬具

ユキオ・タニグチ

テキストは，ユキオがドイツ語学校の事務室に宛てた電子メールの文面で，『ドイツのクリスマス映画』という講座に関する質問が話題とされています。この問題では，文脈的に適切な語を選択できるかどうか，文意を正確に理解できるかどうか，テキストの内容を正しく把握できるかどうかが問われます。

　(1) は，下線部 (**A**) の置き換えとして適切なものを選ぶ問題です。下線部 (**A**) は，疑問詞 welch- と動詞 benutzen（使う，使用する）を用いた受動文であり，「講座ではどの映画が使用されるのですか？」という意味です。三つの選択肢の意味は以下の通りで，Welche Filme werden im Kurs ... ? の部分が共通し，文末に置かれる過去分詞の部分だけが異なっています。
　1　講座ではどの映画が制作されるのですか？
　2　講座ではどの映画が上映されるのですか？
　3　講座ではどの映画が販売されるのですか？
　下線部 (**A**) の直後で，ユキオは「（講座で使われる）映画を DVD で入手できるのであれば，前もって一度観ておきたい」と述べています。その点を踏まえて選択肢ごとに検討すると，まず，仮に講座で映画が制作されるのであれば，問い合わせの時点で映画は存在していないことになり，事前にその映画を観ておきたいと希望することは不可能なはずです。その点で，選択肢 **1** は適切ではありません。次に，仮に講座で映画が上映されるのであれば，問い合わせの時点で映画は存在していることになり，事前にその映画を観ておきたいと希望することは可能です。その点で，選択肢 **2** は正解の候補となり得ます。一方，仮に講座で映画が販売されるのであれば，問い合わせの時点で映画は存在していることになりますが，映画の販売を目的とした講座への参加を希望しながら，事前にその映画を入手したいと述べるのは不自然であることから，選択肢 **3** は適切ではありません。以上のことから，正解は選択肢 **2** です。［正解率 52.33%］

（2）は，空欄（**B**）を埋めるのに適切な名詞を選ぶ問題であり，語彙力と文脈を把握する力が求められます。空欄（**B**）を含む文は，「午後早くに私は大事な（**B**）がある」という意味です。その直後の文は「そのため，出席できるのは早くとも14 時 30 分ごろになります」という意味であり，理由を表す副詞 daher（そのため）があることから，空欄（**B**）を含む文では，ユキオが 14 時 30 分ごろにようやく出席できること，つまり，講座の開始時刻である 14 時には間に合わないことの理由が述べられているものと判断できます。選択肢 **1** の Betrieb は「企業」，選択肢 **2** の Kopf は「頭」，選択肢 **3** の Platz は「広場，席」，選択肢 **4** の Termin は「約束」という意味です。このうち，文脈的に自然であるのは Termin であることから，正解は選択肢 **4** です。なお，einen Termin haben は「約束がある」という意味の基本表現であり，幅広く使われます。［正解率 50.08%］

（3）は，テキストの内容に合致する選択肢を選ぶ問題です。選択肢 **1** は「12 月 20 日にヴォルフ氏による特別な講座が開催される」という意味です。12 月 20 日に開催される講座は，ヴォルフ氏のものではなく，ヴォルフ氏の同僚によるものであることから，選択肢 **1** は不正解です。選択肢 **2** は「ユキオはよくドイツ（語）の映画を観る」という意味です。テキストでは，ユキオが映画をドイツ語で観ることはめったにないと述べられているので，選択肢 **2** は不正解です。選択肢 **3** は「講座『ドイツのクリスマス映画』は 16 時に終了する」という意味です。テキストでは，講座が 14 時に開始し，2 時間かかることが述べられています。つまり，講座の終了時刻は 16 時だということであり，選択肢 **3** の内容に合致します。したがって，選択肢 **3** は正解です。［正解率 60.38%］選択肢 **4** は，「ユキオは講座を通じて，ドイツのクリスマスに関してたくさん学びたいと思っている」という意味です。テキストでは，ユキオは「ドイツ語と並んでドイツのクリスマスに関してもとてもたくさん知ることができるので，私はこの講座にとりわけ興味があります」と述べています。ドイツのクリスマスに関して知ることがユキオの受講理由の一つであることから，選択肢 **4** は正解です。［正解率 72.33%］選択肢 **5** は「ホフマン氏が質問に答えてくれたので，ユキオは彼女に感謝している」という意味です。電子メールの最後でユキオは「お返事をいただければ，ありがたく存じます」と述べています。ユキオはこの電子メールでホフマン氏に質問しているのであり，その時点ではまだ返信を受け取っていません。したがって，ユキオがホフマン氏の返信を受け取ったことを前提としている選択肢 **5** は不正解です。なお，Ich wäre dankbar für ... は接続法第 II 式を用いた丁寧な依頼表現であり，「〜をいただければありがたく存じます」という意味です。

◇この問題は 12 点満点 (配点 3 点×4) で，平均点は 7.05 点でした。

┌─ **6 ここがポイント！**
│
│ ＊電子メール・手紙・葉書の形式に，(書き出し，結び，呼びかけなどの定
│ 　型表現を含め) 慣れておこう！
│ ＊季節や日程，時刻が話題とされている場合は，時間関係に注意して内容を
│ 　正確に把握しよう！
│ ＊Ich hätte eine Frage/Fragen (質問があります) や Ich wäre dankbar
│ 　für ... (～をいただければありがたく存じます) など，日常的な場面でよ
│ 　く使われる丁寧な依頼表現を覚えておこう！

7 会話文理解

正解 **(a)** 5　　**(b)** 8　　**(c)** 2　　**(d)** 1　　**(e)** 4

　空欄に適切な表現を補い，会話を完成させる問題です。選択肢に挙げられてい
る各表現の意味を正しく理解するだけでなく，空欄ごとに前後の会話の流れを把
握し，適切な表現を選ぶ必要があります。

　内容：
受付：　　　　　こんにちは。何かお役に立てますでしょうか？
イェンゼン氏：　こんにちは。部屋を 1 室，2 泊の予定で予約したのですが。
受付：　　　　　**(a)**
イェンゼン氏：　アンナ・イェンゼンです。
受付：　　　　　少々お待ちください…。ああ，はい，リストにお名前がござ
　　　　　　　　います，イェンゼン様。この用紙にご記入いただけますか？
イェンゼン氏：　わかりました。はい，どうぞ。**(b)**
受付：　　　　　6(5)階にございます。503 号室です。そちらは湖の景色がと
　　　　　　　　ても素晴らしいですよ。
イェンゼン氏：　それは素敵ですね！
　受付：　　　　こちらが鍵でございます，イェンゼン様。
イェンゼン氏：　ありがとうございます。あと，朝食はどこですか？
受付：　　　　　朝食は，食堂になります。6 時半から 9 時半までです。**(c)**
イェンゼン氏：　わかりました。あともう一つお聞きしたいのですが。街の地

図はありますか？（**d**）

受付： こちらです，どうぞ。博物館は中央広場に面したところにあ
ります。中央通りに沿ってただまっすぐ歩いてください。そ
うすれば 10 分で着きますよ。（**e**）

1 私は歴史博物館を訪れたいと思っています。
2 ホールの入口で，あなたの部屋番号をお伝えください。
3 部屋はどのくらいの大きさですか？
4 素敵なご滞在をお祈りします！
5 お名前をいただけますか？
6 駅までの道が見つかりません。
7 よく眠れましたか？
8 私の部屋は何階にありますか？

　会話は，イェンゼン氏がホテルでのチェックイン時に受付係とかわしているも
のです。会話全体の流れが自然になるように選択肢を選ぶ必要があります。

　（**a**）受付係と挨拶をかわした後，イェンゼン氏は部屋を予約してあることを告
げます。それに応じて受付係が（**a**）と言うと，イェンゼン氏は自分の名前を伝え
ます。このことから，（**a**）では受付係がイェンゼン氏の名前を尋ねているのだろ
うと予想できます。正解は選択肢 **5**「お名前をいただけますか？」です。［正解率
98.07％］

　（**b**）受付係の案内にしたがって，イェンゼン氏は用紙に必要事項を記入して手
渡した後，（**b**）と言います。それに対する応答として受付係は「6(5)階にござい
ます，503 号室です」と伝えます。したがって，（**b**）では，部屋が何階にあるの
か尋ねているのだろうと予想できます。正解は選択肢 **8**「私の部屋は何階にあり
ますか？」です。［正解率 91.31％］

　（**c**）イェンゼン氏が朝食について質問したのを受けて，受付係は，朝食が 6 時
半から 9 時半まで食堂でとれることを伝え，さらに（**c**）と続けます。それに対し
て，イェンゼン氏は「わかりました」と答え，さらに話題を変えて別の質問をし
ます。このことからは，受付係が朝食に関する情報を追加していること，また，
イェンゼン氏は（**c**）を含めた受付係の発言全体に対して了解の意を伝えている
ことが予想されます。正解は選択肢 **2**「ホールの入口で，あなたの部屋番号をお伝
えください」です。なお，選択肢 **7** を選んだ解答が 12.23％ ありましたが，受付

係の質問に対してイェンゼン氏が直後にわかりましたと言うのは不自然であるため，選択肢 **8** は (**c**) に適しません。［正解率 78.34%］

(**d**) イェンゼン氏は街の地図があるかどうかを受付係に尋ねた上で，(**d**) と発言します。また，(**d**) の発言を受けた受付係は博物館への行き方を伝えます。このことから，(**d**) には博物館に関する発言が入るものと予想されます。正解は選択肢 **1**「私は歴史博物館を訪れたいと思っています」です。この発言は，イェンゼン氏が地図を求める理由の補足説明に相当します。［正解率 92.87%］

(**e**) 受付係はイェンゼン氏に街の地図を渡し，博物館への行き方を伝えます。続けて，受付係は (**e**) と発言することにより，会話を締めくくります。会話の締めくくりにホテルの受付係が宿泊客に対してかける表現としては，選択肢 **4**「素敵なご滞在をお祈りします！」が最も適切です。したがって，正解は選択肢 **4** です。［正解率 86.11%］

なお，選択肢 **3**「部屋はどのくらいの大きさですか？」，選択肢 **6**「駅までの道が見つかりません」，選択肢 **7**「よく眠れましたか？」は，テキスト中のどの空欄にも入りません。

◇この問題は 15 点満点（配点 3 点×5）で，平均点は 13.40 点でした。

---

７ ここがポイント！

＊一つ一つの発言とその前後の発言との内容的なつながりを把握しよう！
＊reservieren（予約する），Zimmer（部屋），Schlüssel（鍵），Frühstück（朝食），Stock（階）など，宿泊に関する重要語彙はよく覚えておこう！

---

８ テキスト理解

正解 **1**，**3**，**5**，**7**（順序は問いません）

一定量のまとまったテキストを読み，内容を正しく理解できるかどうかを問う問題です。このテキストは，試験のために書き下ろされたものです。

内容：
　1916 年，当時のドイツ帝国において夏時間が開始された。これは，世界初の試みであった。しかし，わずか 3 年後に帝国が終わりを迎えると，この試みは

廃止された。

　第二次世界大戦中には，それにより軍需品の生産に有利となると政府が考え
たため，再び夏時間が導入された。というのも，日照時間が1時間増えれば，
1時間長く働くことができたのである。そこで，1940年に2度目となる夏時間
の採用が決定された。

　第二次世界大戦後は，西ドイツでのみ夏時間が継続された。それは1949年
まで有効であった。1950年から1979年までは，夏時間は存在しなかった。

　1980年には東西両ドイツで再度，夏時間にチャンスが与えられることとなっ
た。そして，それは今日まで存続している。当時の背景には，1973年のオイル
ショックがあった。経済的な理由から，何としてもエネルギーを節約しなけれ
ばならなかったのである。日照時間をよりよく利用することで，この目的を達
成しようと試みられた。しかし，今日に至るまで，その結果は芳しいとは言え
ない。

　1996年以来，EUのすべての国で，夏時間は毎年，同じ日に始まり，同じ日
に終了している。EU議会はしかし，2019年，この時間の切り替えは継続しな
いことを決定した。ドイツでは，おそらく近い将来，夏時間に3度目の別れを
告げることになるだろう。

【語彙】damalig: 当時の　einführen: 導入する　Regierung: 政府　Vor-
teil: 利点　gültig: 有効な　ökonomisch: 経済の，経済的な　unbedingt: 絶
対に　sparen: 節約する　erreichen: 達成する　EU-Parlament: EU議会
fortsetzen: 継続する

　選択肢1は，テキスト第1段落の第2文「これ（＝夏時間の導入）は，世界初
の試みであった」に合致します。したがって，選択肢1は正解です。［正解率
86.49％］選択肢2は，テキスト第1段落の第3文「しかし，わずか3年後に帝国
が終わりを迎えると，この試みは廃止された」に合致せず，不正解です。選択肢
3は，テキスト第2段落の第1文「第二次世界大戦中には，それにより軍需品の
生産に有利となると政府が考えたため，再び夏時間が導入された」に合致します。
したがって，選択肢3は正解です。［正解率73.62％］選択肢4は，テキスト第3
段落の第3文「1950年から1979年までは，夏時間は存在しなかった」に合致せ
ず，不正解です。選択肢5は，テキスト第4段落の第1文「1980年には東西両
ドイツで再度，夏時間にチャンスが与えられることとなった」に合致します。し
たがって，選択肢5は正解です。［正解率72.33％］選択肢6については，省エネ
ルギーを目的として導入された夏時間が大きな成果を上げている，と述べている

点が，テキストの内容に合致しません。テキスト第4段落の最後の1文では，省エネルギーに関して「しかし，今日に至るまで，その結果は芳しいとは言えない」と述べられています。したがって，選択肢6は不正解です。選択肢7は，テキスト最終段落の第1文「1996年以来，EUのすべての国で，夏時間は毎年，同じ日に始まり，同じ日に終了している」に合致します。したがって，選択肢7は正解です。［正解率85.68%］選択肢8は，「これまでに3度，夏時間が廃止されたことがある」という部分が，テキストの内容に合致しません。テキストの最後の1文で「ドイツでは，おそらく近い将来，夏時間に3度目の別れを告げることになるだろう」と述べられていることから，次の廃止は3度目であることがわかります。したがって，選択肢8は不正解です。

◇この問題は12点満点（配点3点×4）で，平均点は9.54点でした。

❽ ここがポイント！

*長文読解では，「いつ」「どこで」「何が」「どうした」といった項目の相互間のつながりを正しく把握しよう！

*時事的な話題や歴史的事実に関する知識は，テキストを読み解く上で大きな助けとなることがあるので，有効利用しよう！

【聞き取り試験】

第1部 会話の重要情報の聞き取り

正解 (1) 3　　(2) 3　　(3) 2

　放送された会話を聞き，質問に対する答えとして最も適切な選択肢を選ぶ問題です。質問に関わる内容を正しく聞き取る力が求められます。なお、質問と選択肢は「解答の手引き」に記載されています。

放送 問題**1**

A: Yumi, wann wollen wir in die Ausstellung gehen?

B: Tja...wie ist es morgen? Morgen habe ich Zeit.

A: Aber morgen ist Montag. Das Museum ist von Dienstag bis Sonntag geöffnet.

B: Stimmt! Wollen wir dann am Mittwoch gehen?

A: Gut! Am Mittwoch habe ich auch frei.

内容：

A: ユミ，展覧会にはいつ行こうか？

B: そうね…明日はどう？　明日なら私は時間があるよ。

A: でも，明日は月曜日だよ。美術館が開いているのは火曜日から日曜日までなんだ。

B: 確かに！　それじゃあ，水曜日に行こうか？

A: いいね！　水曜日なら僕も休みだよ。

質問文： An welchem Tag gehen die beiden in die Ausstellung?

　質問文は「2人が展覧会に行くのは何曜日ですか？」という意味です。この問題では，展覧会に行く候補日として2人が複数の曜日を挙げたうちで最終的に何曜日に決めたかを聞き取る必要があります。選択肢**1**は「月曜日に」，選択肢**2**は「火曜日に」，選択肢**3**は「水曜日に」，選択肢**4**は「日曜日に」という意味です。会話の中で，ユミは最終的に水曜日を提案し，男性もそれに賛成します。したがって，正解は選択肢**3**です。［正解率91.21%］

放送 問題**2**

A: Mutti, weißt du, ob das Wetter morgen schön ist? Morgen habe ich doch einen Ausflug.

B: Gerade habe ich den Wetterbericht gesehen. Es soll morgen bis nachmittags sonnig sein, aber am Abend soll es regnen.

A: Der Ausflug ist bis 16 Uhr geplant. Ich nehme besser einen Regenschirm mit, oder?

B: Ja, ich denke auch.

内容:

A: 母さん，明日の天気がいいかどうか知っている？ 明日は遠足があるんだ。

B: ちょうどいま，天気予報を見たところよ。明日は午後まではよく晴れているそうだけれど，夕方は雨が降るそうよ。

A: 遠足は 16 時までの予定なんだ。傘を持っていったほうがいいよね？

B: そうね，私もそう思うわ。

質問文: Was sagt der Wetterbericht?

質問文は「天気予報は何と言っていますか？」という意味です。選択肢 **1** は「明日は一日中天気がよい」，選択肢 **2** は「明日は午後まで曇っている」，選択肢 **3** は「明日は夕方から雨が降る」，選択肢 **4** は「明日の天気がどうなるかはわからない」という意味です。会話の中で母親は，天気予報を見たばかりだと言った上で，「明日は午後まではよく晴れているそうだけれど，夕方は雨が降るそうよ」と伝えています。したがって，正解は選択肢 **3** です。話法の助動詞 sollen には，「～だそうだ」という伝聞の意味を表す用法があります。［正解率 59.89%］

放送 問題 **3**

A: Ich brauche meinen Schreibtisch nicht mehr, weil ich bald umziehe. Möchtest du ihn kaufen, Julia?

B: Der ist schön. Wie viel kostet er?

A: Ich möchte ihn für 120 Euro verkaufen.

B: Aber ich kann nur 80 Euro bezahlen.

A: Das ist mir zu wenig. Aber wie wäre es mit 100 Euro?

B: Okay. Ich nehme ihn.

内容:

A: 僕の書き物机，じきに引っ越すので，もう要らないんだ。買う気はあるかい，ユリア？

B: その机，すてきだね。値段はいくら？

A: 120 ユーロで売りたいと思っているんだ。

B: でも，私は 80 ユーロしか払えないよ。

A: それは僕には少なすぎるな。でも，100 ユーロならどう？

B: いいよ。買うわ。

質問文： Wie viel bezahlt Julia für den Schreibtisch?

　質問文は「ユリアは書き物机にいくら払いますか？」という意味です。選択肢 **1** は「彼女は 80 ユーロ払う」，選択肢 **2** は「彼女は 100 ユーロ払う」，選択肢 **3** は「彼女は 112 ユーロ払う」，選択肢 **4** は「彼女は 120 ユーロ払う」という意味です。会話の中で，男性はまず 120 ユーロという金額を提示しますが，ユリアは 80 ユーロしか払えないと言います。しかし，男性にとって 80 ユーロは少なすぎることから，男性は言い値を 100 ユーロに変更します。ユリアはその金額に納得し，机を買い取ることに決めます。したがって，正解は選択肢 **2** です。［正解率 73.24%］

◇この問題は 12 点満点（配点 4 点×3）で，平均点は 8.97 点でした。

┌─ 第1部 **ここがポイント！** ─────────
│ ＊数詞や時間表現，疑問詞を注意深く聞き取ろう！
│ ＊会話を聞き取る際は，背景となる場面をイメージしながら，正確な内容理解に努めよう！
└──────────────────────────

第2部 テキスト内容の理解

正解 (4) **1** 　(5) **3** 　(6) **2**

　放送されたテキストとその内容に関する質問を聞き，答えとして最も適した絵を選ぶ問題です。「解答の手引き」には質問ごとに 3 通りの絵が掲載されています。

放送 問題 **4**

Ich wohne in einem Studentenwohnheim. Am Fenster steht ein Schreibtisch, und an der Wand ein Bücherregal. Daneben sind ein Kleiderschrank und ein Waschbecken. Das Sofa kann man am Abend zum Bett machen. Das ist alles. Mit der Wohnung bin ich zufrieden.

内容：

私は学生寮に住んでいます。窓際には書き物机があり，壁際には本棚があります。その横には洋服だんすと洗面台があります。ソファーは夜，ベッドにすることができます。それで全部です。この住まいに私は満足しています。

質問文： Was steht am Fenster?

　質問文は「窓際には何がありますか？」という意味です。この問題では，学生寮の部屋のどこにどの家具があるのかを把握することが大切です。選択肢 **1** には書き物机が，選択肢 **2** には本棚が，選択肢 **3** には洗面台が，それぞれ描かれています。放送では，窓際に書き物机がある，と言っています。したがって正解は，書き物机が描かれた選択肢 **1** です。［正解率 76.14%］

放送　問題 **5**

Gestern war ich mit Thomas um halb vier vor dem Kino verabredet. Wir wollten zusammen den Film sehen, der um Viertel vor vier beginnt. Er kam aber nicht, und ich musste den Film alleine anschauen. Er hat die Uhrzeit missverstanden und ist erst um Viertel nach vier gekommen.

内容：

昨日，私はトーマスと 3 時半に映画館の前で会う約束をしていました。私たちは 3 時 45 分に始まる映画を一緒に観るつもりでした。ところが彼は来なかったので，私は映画を 1 人で観なければなりませんでした。彼は時刻を誤解していて，4 時 15 分になってようやく来ました。

質問文： Wann ist Thomas gekommen?

　質問文は「トーマスは何時に来ましたか？」という意味です。放送では，トーマスが 4 時 15 分になってようやく来た，と言っています。したがって正解は，針が 4 時 15 分を指している時計が描かれた選択肢 **3** です。なお，3 時 45 分を示している時計が描かれた選択肢 **2** を選んだ解答が 26.81% ありました。［正解率 63.91%］

放送　問題 **6**

So, was brauchen wir noch für die Party morgen Abend? Getränke haben wir genug im Keller. Das Gemüse für die Suppe ist schon in der Küche. Haben wir alles? Nein! Das Brot! Das dürfen wir nicht vergessen! Das müssen wir morgen noch beim Bäcker kaufen.

内容:

さてと，明日の晩のパーティー用に何がまだ要るかな？ 飲み物は地下室に十分ある。スープ用の野菜はもう台所にある。全部揃っているかな？ いけない！ パン！ 忘れちゃいけない！ まだ，それを明日パン屋さんで買わないと。

質問文: Was haben wir in der Küche?

質問文は「台所には何がありますか？」という意味です。選択肢 **1** には飲み物が，選択肢 **2** には野菜が，選択肢 **3** にはパンが，それぞれ描かれています。放送では，野菜はもう台所にある，と言っています。したがって正解は，野菜が描かれた選択肢 **2** です。なお，選択肢 **3** を選んだ解答が 28.53% ありました。[正解率 64.34%]

◇この問題は 9 点満点 (配点 3 点×3) で，平均点は 6.13 点でした。

> ### 第2部 ここがポイント！
> ＊絵などの視覚情報は，聞き取りの際に有用な手助けとなるため，積極的に活用しよう！
> ＊場所や時間といった重要な情報を正しく聞き取れるようにするため，関連する語彙や表現をしっかり覚えておこう！

第3部 やや長い会話文の聞き取りと記述

正解 (**7**) **Vater** (**8**) **alt** (**9**) **18** (**10**) **11**

放送された会話と質問を聞き，質問に対する答えを完成させる上で必要な単語や数字を解答用紙の所定欄に手書きで記入する問題です。会話は，ハネスという男性とジモーネという女性によるものです。問題 (**7**) と (**8**) では会話に出てくるキーワードを，問題 (**9**) と (**10**) では数詞を，それぞれ正しく聞き取ることが求められます。

放送

A: Guten Tag, Hannes.

B: Hallo Simone. Das ist ja ein schickes Motorrad. Das kenne ich noch gar nicht. Ist das neu?

A: Nein, nein. Das gehört meinem Vater. Ich habe es mir geliehen.

Mein Auto ist kaputt.

B: Oh je. Hattest du etwa einen Unfall?

A: Nein, das Auto ist einfach nur zu alt. Ich habe es seit 15 Jahren. Weißt du, ich habe es mir gekauft, als ich 18 war. Mein erstes Auto...!

B: 18?! Woher hattest du das Geld? Hast du damals schon gearbeitet?

A: Ja und nein. Ich bin noch zur Schule gegangen, habe aber nebenbei gejobbt. Außerdem war das Auto nicht neu.

B: Aha. Wie viel hat es denn gekostet?

A: Mmh, da muss ich überlegen. Ich glaube, 1000 Euro. Es war wirklich nicht sehr teuer.

B: Und was willst du jetzt machen? Lässt du es reparieren?

A: Ich weiß noch nicht. Die Reparatur ist sehr schwierig und teuer. Deshalb suche ich gerade nach Gebrauchtwagen.

B: Na, dann wünsche ich dir viel Erfolg. Ich hoffe, du findest ein schönes Auto.

A: Danke. So, jetzt muss ich auch weiter. Ich habe um 11.00 Uhr einen Termin mit einem Kunden. Tschüs.

B: Tschüs, Simone.

内容：

A: こんにちは，ハネス。

B: やあ，ジモーネ。これはかっこいいバイクだね。それ，まだ全然知らないな。新しいの？

A: ちがう，ちがう。これは父のものよ。借りたの。私の車が壊れてしまって。

B: あれまあ。事故にあったの？

A: ううん，その車，単に古すぎるだけ。15年前から持っているの。実はね，私はそれを18歳のときに買ったの。私の初めての車なのよ…！

B: 18歳だって?! いったい，どうやってお金を工面したの？ 当時，もう働いていたの？

A: どっちとも言えるな。まだ学校に通っていたけれど，そのかたわらバイトしていたの。それにその車，新車ではなかったし。

B: なるほど。いったい値段はいくらだったの？

A: ええと，考えないと。1000ユーロだったと思うな。本当に，あまり高くはなかったの。

B: それで，これからどうするつもりなの？　修理してもらうの？

A: まだわからない。修理はとても難しいし，高いの。だから，ちょうどいま，中古車を探しているんだ。

B: だったら，うまくいくよう願っているよ。すてきな車が見つかるといいね。

A: ありがとう。さて，私も，そろそろ行かないと。11 時にお客さんと約束があるの。またね。

B: またね，ジモーネ。

[放送] 問題 **7**

質問文：　Wem gehört das Motorrad?

問題文：　Das Motorrad gehört dem _____ von Simone.

　質問文は「オートバイは誰のものですか？」という意味です。問題文は「オートバイはジモーネの _____ のものです」という意味です。ジモーネは，Das gehört meinem Vater.（これは父のものよ）と発言しているので，空欄には Vater が入ります。正解は **Vater** です。なお，Vater が正しくつづられていない解答や，meinem Vater という 2 語からなる解答が見られました。［正解率 66.78%］

[放送] 問題 **8**

質問文：　Warum ist Simones Auto kaputt?

問題文：　Es ist zu _____.

　質問文は「なぜジモーネの車は壊れているのですか？」という意味です。問題文は「それは _____ すぎるのです」という意味です。会話の中でジモーネは das Auto ist einfach nur zu alt.（その車，単に古すぎるだけ）と発言しているので，空欄には alt が入ります。正解は **alt** です。副詞としての zu は「～すぎる，あまりにも～だ」という過剰の意味を表します。なお，alt が正しくつづられていない解答や，形容詞以外の語を記入した解答が見られました。［正解率 48.71%］

[放送] 問題 **9**

質問文：　Wann hat Simone ihr Auto gekauft?

問題文：　Als sie □□ Jahre alt war.

　質問文は「ジモーネは自分の車をいつ買いましたか？」という意味です。問題文は，「彼女が □□ 歳のときです」という意味です。会話の中でジモーネが ich habe es mir gekauft, als ich 18 war.（私はそれを 18 歳のときに買ったの）と発

言しているので，解答欄には 2 桁の算用数字 18 を記入するのが適切です。正解
は **18** です。［正解率 51.37%］

放送 問題 **10**

　　質問文：　Wann hat Simone einen Termin mit einem Kunden?

　　問題文：　Sie trifft ihren Kunden um □□ Uhr.

　　質問文は「ジモーネは何時にお客さんと約束がありますか？」という意味です。
問題文は「彼女はお客さんと□□時に会います」という意味です。会話の中でジ
モーネは Ich habe um 11.00 Uhr einen Termin mit einem Kunden.（11 時
にお客さんと約束があるの）と発言しているので，解答欄には 2 桁の算用数字 11
を記入するのが適切です。正解は **11** です。［正解率 42.52%］

◇この問題は 16 点満点（配点 4 点×4）で，平均点は 8.38 点でした。

第3部 **ここがポイント！**

　＊疑問文に使われる疑問詞をしっかり聞き取ろう！

　＊金額や時刻が話題にされる場合は，数詞を正確に聞き取ろう！

　＊基本語彙のつづりを正しく覚えておこう！

2019 年度ドイツ語技能検定試験結果概要
年度別結果比較

2019年度ドイツ語技能検定試験
結 果 概 要

夏 期 ——5級4級3級2級試験——

（筆記・聞き取り試験　2019年6月23日実施）

出願者総数：　4,654名（男2,108名　女2,546名）

実数：　4,032名（男1,798名　女2,234名）

	出願者	受験者	合格者	合格率	合格最低点	平均点
5級	748	663	653	98.49%	61.11	89.82
4級	1,411	1,222	963	78.81%	60.26	73.02
3級	1,515	1,325	684	51.62%	57.35	58.66
2級	980	866	375	43.30%	60.42	58.27

1) 出願者実数を除き，すべての数字は併願者を含む。
2) 成績優秀者は3位まで表彰する。
3) 試験場（28会場；＊印は非公開）：
　北海学園大学　東北大学　新潟大学　富山大学
　信州大学　獨協医科大学　獨協大学　成蹊大学
　成城大学　創価大学　東京電機大学　日本大学文理学部
　武蔵大学　早稲田大学　日本大学国際関係学部
　中京大学　京都外国語大学　立命館宇治高等学校＊　関西大学
　奈良女子大学　島根大学　広島大学　香川大学
　松山大学　福岡教育大学　長崎外国語大学＊
　大分県立芸術文化短期大学　鹿児島大学

冬 期 ——全級試験——

一次試験 （筆記・聞き取り試験 2019 年 12 月 1 日実施）

出願者総数： 7,567 名（男 3,312 名　女 4,255 名）
実数： 6,593 名（男 2,896 名　女 3,697 名）

	出願者	受験者	合格者	合格率	合格最低点	平均点
5 級	829	711	683	96.06%	61.61	83.38
4 級	2,450	2,140	1,628	76.07%	60.26	72.29
3 級	2,195	1,865	1,087	58.28%	60.29	63.23
2 級	1,235	1,061	690	65.03%	65.28	70.19
準 1 級	612	538	200	37.17%	58.28	54.41
1 級	246	219	63	28.77%	62.29	53.80

1) 出願者実数を除き，すべての数字は併願者，一次試験免除者を含む。
2) 5 級，4 級，3 級，2 級は一次試験合格者が最終合格者となる。
成績優秀者は 3 位まで表彰する。
3) 試験場（29 大学；＊印は非公開）：
北海道情報大学　東北大学　新潟大学　金沢大学
群馬大学　信州大学　学習院大学
成城大学　中央大学　日本大学法学部＊
武蔵大学　明治大学　立教大学　慶應義塾大学
日本大学国際関係学部　名古屋大学　立命館大学
関西学院大学　奈良女子大学　岡山大学　広島大学
松山大学　山口大学　福岡大学　長崎外国語大学
大分県立芸術文化短期大学　熊本大学　鹿児島大学　沖縄国際大学

二次試験 （口述試験 2020 年 1 月 26 日実施）

受験有資格者： 準 1 級　200 名
1 級　　63 名

	受験者	合格者	合格率	対一次受験者合格率
準 1 級	194	157	80.93%	29.18%
1 級	63	45	71.43%	20.55%

1) すべての数字は併願者，一次試験免除者を含む。
2) 二次試験不合格者のうち，一次試験の高得点者には，次年度に限り一次試験免除
の特典を与える。本年度の該当者は準 1 級 0 名，1 級 1 名。
3) 準 1 級，1 級の成績優秀者は，一次試験と二次試験の得点の合計により順位を決
定し，3 位まで表彰する。
4) 試験場：北海道大学　JICA 地球ひろば　筑波大学社会人大学院　関西学院大学
広島大学　福岡大学

5 級

年度	夏期試験 出願者	受験者	合格者	合格率	合格最低点	平均点	冬期試験 出願者	受験者	合格者	合格率	合格最低点	平均点
2008	468	395	373	94.43%	74.29	90.06	1054	923	809	87.65%	76.47	86.73
2009	544	484	444	91.74%	76.47	88.70	1053	931	839	90.12%	76.47	89.45
2010	707	626	586	93.61%	74.29	88.47	1284	1169	988	84.52%	65.71	78.31
2011	780	696	633	90.95%	74.29	86.92	1053	959	844	88.01%	73.53	85.72
2012	746	657	573	87.21%	70.59	83.90	912	821	707	86.11%	67.65	80.96
2013	816	716	633	88.41%	73.53	85.44	1066	936	802	85.68%	72.22	79.50
2014	888	791	690	87.23%	72.22	85.82	1038	931	790	84.85%	72.22	83.21
2015	705	629	559	88.87%	75.00	86.76	1079	968	854	88.22%	61.11	85.78
2016	742	667	632	94.75%	61.11	83.81	1141	1006	906	90.06%	61.11	80.36
2017	752	659	635	96.36%	61.11	86.42	1071	941	887	94.26%	61.11	83.73
2018	748	663	653	98.49%	61.11	89.82	903	785	772	98.34%	61.11	87.93
2019							829	711	683	96.06%	61.61	83.38

4 級

年度	夏期試験 出願者	受験者	合格者	合格率	合格最低点	平均点	冬期試験 出願者	受験者	合格者	合格率	合格最低点	平均点
2002	1971	1708	1237	72.42%	60.38	71.40	4163	3675	2303	62.67%	59.62	65.71
2003	2159	1895	1427	75.30%	60.26	70.75	3922	3484	2443	70.12%	60.13	69.38
2004	2392	2113	1563	73.97%	60.13	71.14	4027	3616	2582	71.40%	60.13	68.79
2005	2158	1843	1223	66.36%	60.13	67.74	3916	3513	2603	74.10%	60.00	68.75
2006	1939	1675	1119	66.81%	60.00	67.12	4073	3644	2692	73.87%	60.00	71.20
2007	2077	1812	1430	78.92%	60.00	72.24	3962	3590	2277	63.43%	58.67	63.29
2008	1854	1588	1114	70.15%	60.00	68.42	3853	3423	2160	63.10%	60.54	67.07
2009	1636	1415	1047	73.99%	60.54	71.45	3500	3133	2102	67.09%	60.00	66.43
2010	1769	1551	1151	74.21%	60.00	70.46	3455	3163	2095	66.23%	60.00	65.75
2011	1616	1427	1129	79.12%	60.00	72.01	3206	2923	2270	77.66%	60.00	71.87
2012	1664	1464	1102	75.27%	60.00	71.91	3267	2992	1625	54.31%	54.00	56.58
2013	1583	1381	882	63.87%	60.00	65.46	3172	2851	1765	61.91%	58.67	64.67
2014	1444	1260	1051	83.41%	60.00	73.79	3013	2759	1911	69.26%	60.00	68.64
2015	1546	1335	1035	77.53%	60.00	72.51	3172	2831	1920	67.82%	60.26	67.79
2016	1466	1285	940	73.15%	60.00	69.69	2748	2443	1771	72.49%	60.26	67.29
2017	1460	1279	958	74.90%	60.26	70.42	2597	2296	1327	57.80%	60.26	63.11
2018	1445	1233	827	67.07%	60.26	67.58	2513	2240	1513	67.54%	60.26	67.42
2019	1411	1222	963	78.81%	60.26	73.02	2450	2140	1628	76.07%	60.26	72.29

■ 3級 ■

年度	夏 期 試 験						冬 期 試 験					
	出願者	受験者	合格者	合格率	合格最低点	平均点	出願者	受験者	合格者	合格率	合格最低点	平均点
2002	2175	1925	989	51.38%	59.86	60.64	3100	2762	1399	50.65%	60.00	59.44
2003	2418	2127	1137	53.46%	62.68	63.38	3002	2674	1386	51.83%	67.39	67.36
2004	2388	2105	1141	54.20%	68.12	69.03	3175	2824	1523	53.93%	61.64	61.50
2005	2340	2041	1086	53.21%	64.38	64.77	3000	2668	1417	53.11%	61.59	61.61
2006	2259	1989	1074	54.00%	56.29	57.98	2965	2608	1399	53.64%	61.59	62.41
2007	2162	1885	999	53.00%	65.56	66.06	3097	2759	1446	52.41%	60.93	61.68
2008	2217	1951	1046	53.61%	65.56	66.10	3044	2603	1363	52.36%	61.27	62.09
2009	2111	1838	970	52.77%	62.68	63.76	2632	2266	1163	51.32%	66.20	66.12
2010	2112	1822	954	52.36%	60.56	62.56	2686	2359	1229	52.10%	54.23	55.28
2011	1985	1724	904	52.44%	62.68	63.39	2663	2304	1201	52.13%	58.27	59.29
2012	2210	1920	1056	55.00%	62.59	62.97	2656	2267	1059	46.71%	51.08	51.10
2013	2038	1726	943	54.63%	56.12	57.85	2507	2149	1124	52.30%	53.24	54.16
2014	1921	1622	871	53.70%	55.40	56.96	2474	2133	1186	55.60%	63.24	64.63
2015	1901	1639	896	54.67%	60.29	62.04	2779	2346	1184	50.47%	52.21	53.05
2016	1942	1671	875	52.36%	52.21	53.67	2494	2100	1095	52.14%	55.15	56.81
2017	1808	1545	813	52.62%	59.56	59.96	2501	2096	1150	54.87%	55.15	58.17
2018	1695	1450	828	57.10%	60.29	62.32	2299	1938	1115	57.53%	57.35	59.90
2019	1515	1325	684	51.62%	57.35	58.66	2195	1865	1087	58.28%	60.29	63.23

■ 2級 ■

年度	夏 期 試 験						冬 期 試 験					
	出願者	受験者	合格者	合格率	合格最低点	平均点	出願者	受験者	合格者	合格率	合格最低点	平均点
2008							2278	2066	1077	52.13%	65.47	65.14
2009	1329	1212	628	51.82%	60.00	59.69	1634	1474	592	40.16%	55.40	51.65
2010	1259	1141	578	50.66%	57.55	57.48	1617	1456	758	52.06%	62.14	62.42
2011	1127	1008	515	51.09%	56.83	57.22	1512	1358	703	51.77%	61.43	61.64
2012	1277	1155	495	42.86%	55.00	52.58	1616	1425	608	42.67%	55.71	53.69
2013	1164	1044	479	45.88%	56.43	55.14	1485	1309	679	51.87%	62.14	62.24
2014	1105	990	431	43.54%	55.71	54.63	1534	1375	552	40.15%	55.56	53.45
2015	1132	1009	464	45.99%	57.64	56.68	1659	1468	599	40.80%	52.08	49.85
2016	1095	972	422	43.42%	60.42	58.20	1565	1340	536	40.00%	59.03	55.44
2017	1091	949	384	40.46%	55.56	53.38	1472	1257	453	36.04%	51.39	47.41
2018	1041	922	407	44.14%	55.56	53.26	1377	1192	442	37.08%	51.39	48.43
2019	980	866	375	43.30%	60.42	58.27	1235	1061	690	65.03%	65.28	70.19

■ 準1級 ■

年度	一次試験						二次試験			対一次受験者合格率
	出願者	受験者	合格者	合格率	合格最低点	平均点	受験者	合格者	合格率	
1994	2380	2154	506	23.49%	64.1	52.93	483	306	63.35%	14.21%
1995	2162	1888	423	22.40%	58.2	47.52	406	222	54.68%	11.76%
1996	2112	1829	615	33.62%	70.2	61.83	593	246	41.48%	13.45%
1997	2003	1740	548	31.49%	66.4	57.96	513	237	46.20%	13.62%
1998	2090	1840	554	30.11%	72.2	64.09	540	249	46.11%	13.53%
1999	2165	1920	599	31.20%	64.9	57.06	587	248	42.25%	12.92%
2000	1976	1783	616	34.55%	73.20	66.96	603	264	43.78%	14.81%
2001	1750	1576	599	38.01%	73.00	68.20	571	274	47.99%	17.39%
2002	1830	1655	573	34.62%	62.64	57.19	554	386	69.68%	23.32%
2003	1776	1584	615	38.83%	56.40	53.08	594	460	77.44%	29.04%
2004	1973	1777	639	35.96%	58.33	53.35	621	471	75.85%	26.51%
2005	1898	1693	633	37.39%	58.13	53.63	622	479	77.01%	28.29%
2006	1887	1676	572	34.13%	50.59	45.76	559	445	79.61%	26.55%
2007	1706	1504	545	36.24%	56.21	51.70	537	442	82.31%	29.39%
2008	992	914	355	38.84%	60.36	57.36	347	271	78.10%	29.65%
2009	1034	934	344	36.83%	56.14	52.02	333	265	79.58%	28.37%
2010	967	880	350	39.77%	60.36	56.52	336	257	76.49%	29.20%
2011	929	847	325	38.37%	55.03	52.18	319	242	75.86%	28.57%
2012	926	829	316	38.12%	53.89	50.54	309	260	84.14%	31.36%
2013	885	792	305	38.51%	52.69	49.61	297	245	82.49%	30.93%
2014	820	751	244	32.49%	51.53	46.56	238	207	86.97%	27.56%
2015	833	753	290	38.51%	54.60	51.52	286	230	80.42%	30.54%
2016	832	760	321	42.24%	60.12	56.63	316	273	86.39%	35.92%
2017	771	683	248	36.31%	52.15	48.16	242	206	85.12%	30.16%
2018	661	583	227	38.94%	58.90	54.79	213	174	81.69%	29.85%
2019	612	538	200	37.17%	58.28	54.41	194	157	80.93%	29.18%

■ 1級 ■

年度	一次試験						二次試験			
	出願者	受験者	合格者	合格率	合格最低点	平均点	受験者	合格者	合格率	対一次受験者合格率
1994	303	274	43	15.69%	67.5	48.35	42	31	73.81%	11.31%
1995	323	292	40	13.70%	70.0	51.41	40	28	70.00%	9.59%
1996	306	270	55	20.37%	73.0	56.37	54	37	68.52%	13.70%
1997	317	286	42	14.69%	72.9	54.60	41	28	68.29%	9.79%
1998	283	256	32	12.50%	62.5	48.16	30	18	60.00%	7.03%
1999	280	258	48	18.60%	63.1	49.95	48	36	75.00%	13.95%
2000	259	238	70	29.41%	73.12	63.97	68	39	57.35%	16.39%
2001	279	250	61	24.40%	73.02	62.47	57	38	66.67%	15.20%
2002	289	269	59	21.93%	68.28	55.38	58	39	67.24%	14.50%
2003	300	284	84	29.58%	70.29	61.04	82	57	69.51%	20.07%
2004	352	323	58	17.96%	60.00	46.81	57	37	64.91%	11.46%
2005	328	295	52	17.63%	60.23	46.46	46	34	73.91%	11.53%
2006	324	297	53	17.85%	60.23	46.17	53	35	66.04%	11.78%
2007	303	273	54	19.78%	63.53	51.73	53	35	66.04%	12.82%
2008	292	259	50	19.31%	61.76	48.46	46	34	73.91%	13.13%
2009	283	261	43	16.48%	60.00	47.71	42	26	61.90%	9.96%
2010	278	256	27	10.55%	59.09	42.12	26	22	84.62%	8.59%
2011	258	239	29	12.13%	60.23	43.79	28	21	75.00%	8.79%
2012	241	223	55	24.66%	63.64	53.34	55	28	50.91%	12.56%
2013	296	270	67	24.81%	70.45	58.98	67	53	79.10%	19.63%
2014	265	245	40	16.33%	60.23	46.05	39	25	64.10%	10.20%
2015	298	265	61	23.02%	60.23	49.35	60	52	86.67%	19.62%
2016	316	275	53	19.27%	60.23	50.49	52	36	69.23%	13.09%
2017	271	238	29	12.18%	60.00	43.24	28	24	85.71%	10.08%
2018	236	217	37	17.05%	60.00	48.37	36	27	75.00%	12.44%
2019	246	219	63	28.77%	62.29	53.80	63	45	71.43%	20.55%

注) 1. 得点は各級とも100点満点に換算した数字です。
2. 準1級は2008年度からの呼称。2007年度までの2級に相当します。
3. 2016年度より春期試験→夏期試験、秋期試験→冬期試験に改称しました。

┌──┐
　　　　　──「独検」についての問い合わせ先──
　　　（公財）ドイツ語学文学振興会　　独検事務局
　　　　113-0033 東京都文京区本郷 5-29-12-1006
　　　　　　　　電話 (03) 3813-0596
└──┘

独検過去問題集2020年版〈5級・4級・3級〉

2020 年 4 月 20 日　発　行

　　　編　者　　公益財団法人ドイツ語学文学振興会

　　　発行者　　大 井 敏 行

　　　発行所　　株式会社 郁文堂
　　　　　　　　113-0033 東京都文京区本郷 5-30-21
　　　　　　　　電話［営業］03-3814-5571　［編集］03-3814-5574
　　　　　　　　振替 00130-1-14981

　　　印刷 研究社印刷　製本 国宝社

ISBN978-4-261-07342-3　　許可なく複製・転載すること，ならびに
© 2020　Printed in Japan　　部分的にもコピーすることを禁じます．